ユニットケア・個別ケア実践 Q&A

現場の疑問を即解決！

著 秋葉都子 —一般社団法人日本ユニットケア推進センター　センター長

中央法規

contents

Part 1　24時間の暮らしを支える基本

● 理念

- Q 001　理念は時代ごとに変えるべきでしょうか？　理念を理解するにはどうすればよいでしょうか？ …… 2
- Q 002　法人内の各事業所、例えば従来型特別養護老人ホームとユニット型特別養護老人ホームでは理念を変えるべきでしょうか？ …… 3
- Q 003　ユニットごとに理念は必要でしょうか？ …… 3
- Q 004　理念をつくる方法を教えてください。 …… 4
- Q 005　理念が職員に浸透しているかを確認する方法はありますか？ …… 5
- Q 006　理念を現場で活かす方法は何でしょうか？ …… 6

● 入居者一人ひとりに向き合う体制

- Q 007　ユニットに職員を"生活単位＝介護単位"（固定配置）とするメリットは何でしょうか？ …… 9
- Q 008　"生活単位＝介護単位"（固定配置）にすると、夜勤が2ユニット1名の配置では心配なのですが…… …… 10
- Q 009　"生活単位＝介護単位"（固定配置）で職員と入居者に"なじみの関係"ができているとき、職員の異動はどうしたらよいでしょうか？ …… 10
- Q 010　"なじみの関係"を大事にしていると、人間関係（職員同士、職員と入居者）が息詰まらないでしょうか？ …… 11
- Q 011　ユニットの"生活単位＝介護単位"（固定配置）によって入居者と親しくなりすぎ、会話が馴れ馴れしくなることはありませんか？ …… 12
- Q 012　ユニットケアでは、職員が1人勤務になることもありますが、情報伝達はどうしたらよいのでしょうか？ …… 13
- Q 013　ユニットに職員が1人しかいないとき、入居者からのいろいろな要望にはどう対応したらよいでしょうか？ …… 14
- Q 014　ユニットごとに介護職のレベルが違うのですが、どうしたらよいでしょうか？ …… 15
- Q 015　ユニットごとに、雰囲気が違ってきてしまいます。 …… 16
- Q 016　入居者同士のトラブルには、どう対応すればよいでしょうか？ …… 17

● 入居者一人ひとりに向き合う根拠

- Q 017　24Hシートに初めて取り組みます。どうしたらよいでしょうか？ …… 20
- Q 018　24Hシートの時間軸の幅は、どの位にしたらよいでしょうか？ …… 21
- Q 019　毎日変化がある人については、24Hシートはどのように書くのでしょうか？ …… 22

Q 020	入居者と家族の意見が異なる場合は、24Hシートをどのように書けばよいでしょうか？	23
Q 021	夜中に入浴したいという無理な要望が出たときは、どうしたらよいでしょうか？	24
Q 022	言語的コミュニケーションが難しく、家族もいない入居者からどのように情報収集すればよいでしょうか？	25
Q 023	24Hシートの作成では、どのような視点で書いたらよいのでしょうか？	26
Q 024	24Hシートの作成を居室担当者にしたのですが、皆、あまり書けません……	26
Q 025	「聞き取りシート」はどのようなものなのでしょうか？	28
Q 026	24Hシートにいろいろ書いていたら、量が多くならないでしょうか？	28
Q 027	24Hシートは、ケアマニュアルにならないでしょうか？	29
Q 028	24Hシートは多職種で作成するのでしょうか？	29
Q 029	24Hシートの更新ができないのですが……	30
Q 030	24Hシートの一覧表まで作成する必要性はあるのでしょうか？	31
Q 031	24Hシートに基づいたケアをしているときに、評価は必要でしょうか？	32
Q 032	24Hシートが軌道に乗るまで、どの位の期間が必要でしょうか？	33
Q 033	24Hシートを職員に周知する方法はどうしたらよいでしょうか？	33

● 情報の伝達と共有

Q 034	今は、申し送りをしないのでしょうか？	34
Q 035	記録は、どんな役割をもっているのですか？	35
Q 036	記録は、どんなものを用意したらよいでしょうか？	36
Q 037	記録は、どこで書けばよいでしょうか？	39
Q 038	記録は、いつ書けばよいでしょうか？	40
Q 039	パソコン入力ができない人がいるので、パソコンが導入できません。	41
Q 040	リビングで記録をまとめる場合、入居者の目の前で書いてもよいのですか？	42
Q 041	記録を書く人によってムラがあるのですが、どうすればよいでしょうか？	43
Q 042	ミーティングの目的とは何ですか？	44
Q 043	効果的なミーティングを行うためのポイントは何ですか？	45

| Q 044 | ミーティングばかり開催されて、肝心なケアが手薄になってしまいます。 | 46 |

● 入居者一人ひとりに向き合う勤務

Q 045	ユニットケアにおいて、勤務体制（シフト）を作成する際のポイントは何ですか？	47
Q 046	8時間夜勤を導入している施設があると聞きましたが、どんな考え方なのですか？	49
Q 047	8時間夜勤時の休憩はどのようにとればよいですか？	51
Q 048	8時間夜勤は連休がとれないでしょうか？	52
Q 049	8時間夜勤のメリットを知り導入を職員に理解してもらうには、どうしたらよいでしょうか？	53
Q 050	夜勤時間が終了しても定時に上がれないのですが、どうすればよいでしょうか？	54

Part 2　建築面からユニットケアを考える

● ユニット＝1軒の家

Q 051	ユニットとはどのような場なのでしょうか？	58
Q 052	ユニットの設え（整備）の仕方はどう考えるとよいでしょうか？	59
Q 053	ユニットの玄関をどう考えたらよいでしょうか？	60
Q 054	玄関の飾りつけはどうすればよいでしょうか？	61
Q 055	入居者にとって居室とはどのような場所なのでしょうか？	62
Q 056	入居者は居室に家具を持ち込んでよいのでしょうか？	63
Q 057	居室のドアは開けておかないと心配なのですが……	64
Q 058	個室にすると、居室の中に閉じこもりきりになるのではないかと不安です。	65
Q 059	リビングの使い方を教えてください。	66
Q 060	キッチンには何を整備したらよいでしょうか？	67
Q 061	これから入居者の身体状況が重度化していくので、キッチンは必要ないように感じるのですが。	68
Q 062	リビングの「くつろぎの場」には、どんな工夫が必要ですか？	69
Q 063	リビングに入居者の作品を飾ってはいけませんか？	70
Q 064	記録の場は、どのように整備すればよいでしょうか？	71
Q 065	浴室はどの位の割合で配置すればよいでしょうか？	72
Q 066	浴槽はどんな種類を用意すればよいでしょうか？	73

Q 067	脱衣室は、どのように整備したらよいでしょうか？	75
Q 068	洗濯はどこですればよいでしょうか？	76
Q 069	汚物処理室はどのように整備したらよいでしょうか？	77
Q 070	トイレの整備方法について教えてください。	78
Q 071	トイレを設置する場合、どれ位の広さが適切でしょうか？	79
Q 072	トイレの仕切りは、ドアとカーテン、どちらがよいでしょうか？	81

● "街"の機能

| Q 073 | 入居者がユニットに閉じこもりがちなのですが、何を整備すればよいでしょうか？ | 82 |
| Q 074 | パブリック・スペースとは、どんな場所をいうのですか？ | 83 |

● 設え

Q 075	施設内の掲示物は、どの位の高さにすればよいでしょうか？	84
Q 076	食卓といすの高さはどの位が適当でしょうか？	85
Q 077	これから入居者の身体状況の重度化が進んでいくなかで、用意することはありますか？	86

Part 3　暮らしのサポートからユニットケアを考える

● 起床

Q 078	起床の時間はバラバラでもよいのでしょうか？	88
Q 079	一人ひとりの起床時間に合わせた介助はどうしたらできますか？	89
Q 080	遅くまで起きてこない入居者に対しては、どのように対応すればよいでしょうか？	89
Q 081	夜勤者は早番に迷惑をかけたくないため、全員を起こしてしまいますが、これを防ぐにはどうしたらよいでしょうか？	90

● 着替え・身だしなみ

Q 082	着替えは、しないといけませんか？	91
Q 083	着替えの服装はどう選んだらよいでしょうか？	91
Q 084	朝の着替えは、起床後すぐに行った方がよいでしょうか？	92
Q 085	リビングにはパジャマのままで出てもよいでしょうか？	93
Q 086	夜間は寝間着に着替えさせるべきでしょうか？	93
Q 087	今まで、家では昼も夜も同じ服装だったという人には、どう対応したらよいでしょうか？	94

● 食事の場面

Q 088	ユニットケアではどんな食事の風景がみられるか、教えてください。	95
Q 089	起床時間が一人ひとり違うのですが、朝食は一緒でなければならないのでしょうか？	97
Q 090	朝食は8時に厨房から届きますが、先に食べたい人はどうしたらよいでしょうか？	98
Q 091	常備食には何を用意したらよいでしょうか？	98
Q 092	朝食後の薬があるのですが、朝遅く起きる人にはどうしたらよいでしょうか？	99
Q 093	ユニットで調理をした方がよいでしょうか？	100
Q 094	各ユニットで調理を行うと、衛生面に不安があります。	101
Q 095	各ユニットで調理を行うと、包丁の扱いや管理に不安があります。	103
Q 096	ユニット炊飯で、ご飯の硬さが全員に合わないときはどうしたらよいでしょうか？	104
Q 097	温冷配膳車がいらないと聞きましたが……？	105
Q 098	茶碗や食器など、個人のものはどの程度まで取り入れたらよいのでしょうか？	106
Q 099	陶磁器の食器を使っても危険はありませんか？	107
Q 100	配膳の時間がリビングごとに異なってもよいのでしょうか？	108
Q 101	食事を取り分けるとき、一人ひとりの量がバラバラになっても構いませんか？	109
Q 102	盛り付けはどのように行えばよいでしょうか？	110
Q 103	ランチョンマットは使用した方がよいでしょうか？	111
Q 104	ご飯の量を毎回はかりにかけないといけないでしょうか？	112
Q 105	ある入居者が盛り付けた食事は食べたくない、という入居者がいるときは、どうしたらよいでしょうか？	112
Q 106	食事は、1日3回食卓に向かうことが基本でしょうか？	113
Q 107	厨房で調理した食事は2時間が過ぎたら、処分しないといけないのでしょうか？	114
Q 108	入居者一人ひとりに食事用エプロンを用意した方がよいのでしょうか？	115
Q 109	残食量の計測はどうすればよいでしょうか？	116
Q 110	好きなものを食べるのはよいのですが、カロリーや栄養面で偏りは出ませんか？	117
Q 111	ソフト食やムース食とはどのようなものですか？	118

Q 112	食事する場所はどのように用意すればよいでしょうか？	120
Q 113	職員は入居者と一緒に食事をした方がよいのでしょうか？	121
Q 114	職員が入居者と一緒に食事をするときは、入居者と同じ食事でないといけないでしょうか？	121
Q 115	食事の介助者が多くなったときは、どのように対応したらよいでしょうか？	122
Q 116	経管栄養の入居者はどこで食事をすればよいでしょうか？	123
Q 117	下膳時間を過ぎても、まだ食べている入居者がいるのですが……	124
Q 118	食事の後片づけを入居者にどこまでお手伝いをしてもらったらよいでしょうか？	125
Q 119	選択食には、どのように対応すればよいでしょうか？	126
Q 120	外食をしたり、出前をとってもよいのですか？	127
Q 121	持ち込みの食品にはどう対応したらよいでしょうか？	128
Q 122	居室にある入居者の食品は、どこまで管理すればよいでしょうか？	129
Q 123	冷蔵庫の管理は、誰が行えばよいでしょうか？	130
Q 124	医師から療養食の指示が出ている入居者の対応はどうしたらよいでしょうか？	131

● 口腔ケア

Q 125	自分で歯磨きができる入居者は、その人任せでよいでしょうか？	132
Q 126	口腔ケアをさせてくれない入居者にはどうしたらよいでしょうか？	133
Q 127	口腔ケアはどこでしたらよいでしょうか？	133
Q 128	洗面台には、何を用意しておいたらよいでしょうか？	134

● 排泄の介助

Q 129	入居者一人ひとりに合わせた排泄介助は、どうすれば可能になるのでしょうか？	135
Q 130	夜間の排泄介助はどうしたらよいでしょうか？	136
Q 131	排泄は同性介助がよいでしょうか？	137
Q 132	排泄時に2人以上の介助が必要な入居者に対しては、どう対応すればよいでしょうか？	138
Q 133	排泄介助で、入居者のプライバシーを保つにはどうすればよいでしょうか？	139

● 入浴の介助

| Q 134 | ユニットでの入浴はどのようにしたらよいでしょうか？ | 140 |

- Q 135　マンツーマン入浴について教えてください。　141
- Q 136　マンツーマン入浴を安心・安全に行うにはどうしたらよいでしょうか？　142
- Q 137　入浴は夜間の方がよいでしょうか？　143
- Q 138　職員が少ないときの入浴は、流れ作業方式が有効でしょうか？　144
- Q 139　身体状況が重度化した入居者は個別浴槽で入浴できますか？　145
- Q 140　個別浴槽での入浴介助に自信がありません。　146
- Q 141　個別浴槽の場合、入浴のたびに毎回お湯を入れ替えるのでしょうか？　147
- Q 142　入浴介助すると服が濡れてしまいますが、服装はどうしたらよいでしょうか？　148

● 健康管理
- Q 143　ユニットケアでは、バイタル測定は必要でしょうか？　149
- Q 144　「入居者のバイタルが異常なときは連絡して」と看護師にいわれますが、異常の判断はどうしたらよいでしょうか？　150
- Q 145　バイタル測定は誰がすればよいでしょうか？　150

● 日中の過ごし方
- Q 146　ユニットケアでは、施設全体の行事をしてはいけないのですか？　151
- Q 147　施設内でのレクリエーションはどのように実施すればよいでしょうか？　152
- Q 148　レクリエーションの講師はどんな人がよいでしょうか？　153
- Q 149　施設でのレクリエーションの種類や頻度はどうすればよいでしょうか？　153
- Q 150　田舎なのでボランティアが集まらないのですが……　154
- Q 151　誕生会はした方がよいのでしょうか？　155
- Q 152　外出はした方がよいのでしょうか？　156
- Q 153　外出する際に気をつけることはありますか？　157
- Q 154　リハビリをするのは、"施設＝暮らしの継続"に反するのではないでしょうか？　158
- Q 155　リハビリのプログラムは誰が作成して、誰が実施するのでしょうか？　159

● 夜間の関わり方
- Q 156　夜間の見守りは何時間おきがよいでしょうか？　160
- Q 157　夜間就寝時に、居室にカギをかけたいという入居者がいます。どうしたらよいでしょうか？　160

- **家族との関わり方**
  - **Q 158** 家族を行事のときにお誘いした方がよいでしょうか？　161
  - **Q 159** 家族の施設への出入りは自由ですか？　161
  - **Q 160** 家族に居室の掃除をお願いしてよいのでしょうか？　162
  - **Q 161** 家族が入居者の部屋に泊まってもよいでしょうか？　162
  - **Q 162** 家族とのやり取りの具体例を教えてください。　163
- **ユニット費**
  - **Q 163** ユニット費は出さないといけないのでしょうか？　164
  - **Q 164** ユニット費を与えると何を買うか心配になります。　165
  - **Q 165** ユニット費では、入居者の物は買ってはいけないのでしょうか？　165
- **終末期の入居者への対応**
  - **Q 166** 終末期の対応はどうしたらよいでしょうか？　166
  - **Q 167** 終末期は部屋替えをした方がよいでしょうか？　167
  - **Q 168** ユニットに終末期の入居者がいたら、他の入居者が心配するのではありませんか？　167

Part 4　その他

- **清掃、地域交流、職員研修など**
  - **Q 169** 入居者の身体状況によってユニット分けをするといった配慮は必要でしょうか？　170
  - **Q 170** ユニットの清掃は誰がしたらよいでしょうか？　171
  - **Q 171** セミパブリック・スペース、パブリック・スペース、トイレ、浴室の掃除は、誰が行うべきでしょうか？　172
  - **Q 172** シーツ交換はどの位の頻度で行うのが最適でしょうか？　173
  - **Q 173** 地域との交流をどのようにつくればよいでしょうか？　174
  - **Q 174** ユニットケア導入時の職員研修は、どうすれば効果的でしょうか？　175
  - **Q 175** 見学研修を効果的に行うにはどうしたらよいでしょうか？　176
  - **Q 176** パートや臨時職員の研修や会議への参加はどうしたらよいでしょうか？　177

Part 1

24時間の暮らしを支える基本

理念	001-006
入居者一人ひとりに向き合う体制	007-016
入居者一人ひとりに向き合う根拠	017-033
情報の伝達と共有	034-044
入居者一人ひとりに向き合う勤務	045-050

　私たちが目指す、要介護者（入居者）への支援は、「一人ひとりの自分らしい暮らしの継続」です。そのためには、具体的に何をすればよいでしょうか？

　理念（目指すこと）を明確にし、理念を実践可能にする体制（生活単位＝介護単位）を組み、目指すケアの視点（1日の暮らし）を統一し、要介護者一人ひとりの1日の暮らしぶりを知る（24Hシート）ことから始まります。

理念

　理念とは、事業について「こうあるべきだ」という根本的な考え方です。読者の皆さんは、介護現場で「何のために働くのか」「何を目指していくのか」が明確になっているでしょうか？　それを文字として表したものが「理念」となります。したがって、「理念」はゆるぎないものです。理念は、介護現場だけでなく、企業でも、公的機関でも向かうべき方向性を示すものとして存在しています。

001

Q 理念は時代ごとに変えるべきでしょうか？　理念を理解するにはどうすればよいでしょうか？

A 理念はわかりやすくて職員に浸透するものであることが大切です。時代に照らし合わせ、変更した方がよいのか、他の手段をとればよいのかは施設の判断です。

解説　「理念とは、北極星のようなもので不動のもの」といった人がいます。したがって、時代によって変わるものは理念とはいえないかもしれません。しかし、職員にとってわかりづらく、理事会などでもそのような話が出たときは、変更もあり得るかと思います。

　理念は、「どんな施設にするか」を考えて決めたもので、創設当初の想いが詰まったものです。現代の言葉でないわかりづらい言葉であっても、理念はそのままにし、かみ砕いた内容の行動指針やケア方針などを作成して浸透させる方法もあります。

Q 002　法人内の各事業所、例えば従来型特別養護老人ホームとユニット型特別養護老人ホームでは理念を変えるべきでしょうか？

高齢者福祉や児童福祉にしても、理念として目指すことに大きな違いはないでしょう。

解説　施設によって変える法人もありますが、同じにして行動指針等に違いを入れる法人もあります。要するに、目指すことをどのような表現にすれば、関係者に理解されるか、その視点が大切です。

Q 003　ユニットごとに理念は必要でしょうか？

理念というよりも、目標や計画が必要ではないでしょうか。

解説　理念はあるべき姿ですが、目標や計画は数値化するなど、具体的に何をするかが明確なものです。法人全体や施設で目指す理念があれば、ユニットでは、それに基づき、「今年は何をしようか」「今月は何をしようか」となるのではないでしょうか。

Q 004 理念をつくる方法を教えてください。

理念を作成する際は、まず「誰が」「どのように」つくるのかが大切です。

解説 職員全員で作成する場合は、グループワークなどで意見を出し合って決めるところが多いようです。この方法では、自分たちで考え決めた理念であるので、理念の浸透は自然とできてしまいます。関係者に同意を求めながら進め、最後は理事会の承認が必要です。

図表1　理念作成の方法

作成の際の職員の関与	作成者	作成方式	最終案のまとめ
有る	職員・管理者	グループワーク	管理者
	管理者	自分で考える	管理者
無い	管理者	自分で考える	管理者

管理者の皆さん、自分の想いをこまめに伝えていますか？

　ある管理者の話です。自分の想いを伝える方法として、職員用の内階段の踊り場に、管理者としての想いを貼りだしました。例えば、研修にいっての感想、施設見学の感想、施設内で見つけたちょっと嬉しい話、その反対の話、新聞等の記事など……。職員が見ても見なくともOKというスタンスのものです。ですが、職員とすれ違った際に、「あの記事どう思った？」という声掛けは怠らなかったようです。

Q 005 理念が職員に浸透しているかを確認する方法はありますか？

A 確認の役割は管理者にあることを認識し、管理者が絶えず確認し続けることです。

解説 理念は壁に飾ってあるだけでは、その役割は果たせません。理念を関係者が理解し、絶えずその方向に向かえることが大事です。管理者→中間管理者→職員の順に伝えていきます。伝え方としては、採用時や研修・会議の席で管理者が理念を語ることが第1歩です。さらに、困難事例のカンファレンスに管理者が参加し、理念に照らし合わせ目指す方向性を示すことで具体的に理解が進んでいきます。

理念が伝わっているかどうかの確認では、管理者がこまめにユニットや介護現場に行き、職員一人ひとりに尋ねましょう。これが唯一効果的な確認方法です。

図表2　理念の伝え方

旗振りは管理者の役目

管理者 → 中間管理者 → 職員

006 理念を現場で活かす方法は何でしょうか？

理念を具体的な支援と結びつけるものは、ケアマニュアルです。

解説 図表3のように「ケアのやり方」だけ書いたものでは理念に結びつきません。「なぜ、この支援をするのか？」「その実践をするための考え方は？」という視点がないので、業務をこなすことに重点が置かれ、理念がおろそかになってしまいます。暮らしの継続を理念に掲げていても、実践現場は「業務を終わらせるケア」になってしまうのです。そうならないためにも、図表4のような運営方針を踏まえたケアマニュアルを作成し、これをもとに何回も繰り返し教育をしていくことが大切です。自然と理念に基づいた支援が身につくことになります。根拠を明確に示し共有することが、チームケアの最善の方法です。

「理念塾」を開催しましょう！

「職員に理念が浸透せずに悩んでいる」という管理者の声をよく聞きます。そこで、ある施設の取り組みとして「理念塾」を紹介します。理念塾では、①1日間研修のプログラム、②同プログラムを複数回開催、③非常勤含め全員参加、④理念テキストの作成、⑤主催は管理者として、毎年開催することにより、職員に理念の浸透を図っています。理念の説明は、入職時だけではなく、その後も繰り返し説明していくことが大切なのです。

図表3 ケアのやり方だけのマニュアル（悪い例）

図表4 理念と結びついたケアマニュアル（良い例）

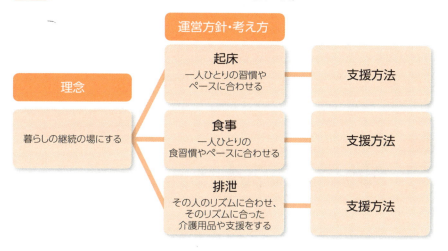

入居者一人ひとりに向き合う体制

私たちがユニットケア・個別ケアで目指すことは入居者一人ひとりの"暮らしの継続"です。その実践のための体制を組み立てることが求められています。

認知症のグループホームは6～9人のユニットに専任の職員を配置します。同様にユニット型施設のケアでも、10人前後のユニットに専任の職員を配置して、一人ひとりの入居者に"なじみの関係"を築いていきます。この体制を「生活単位（1ユニットの入居者の数）と介護単位（職員の集合）の一致」といいます。これからの要介護者は、認知症と身体状況の重度化が進みます。コミュニケーションをとることの難しい人が多くなるなかで、その人らしい暮らしを支援するには、少人数をケアの単位とした"生活単位＝介護単位"となる体制が求められています。

図表5 少人数ケアの体制

```
何人であれば入居者情報が把握できる？
         ↓
生活単位              介護単位
(1ユニットの入居者の数) ＝ (職員の集合)
```

図表6 介護単位の考え方

⇒個別ケアは、介護単位が小さくなければできない

007

Q ユニットに職員を"生活単位＝介護単位"（固定配置）とするメリットは何でしょうか？

A 入居者との間になじみの信頼関係を構築できることです。それにより、入居者のささいな変化を読みとることができます。

 読者の皆さんはケアを実践するときに、何人の入居者について自信をもってケアをできますか？

情報量で考えてみます。人は覚えることができる総情報量はそんなに多くありませんし、人による違いもそれほど大きくはありません。例えば、1人の記憶できる総情報量を500とします。「500 = 50人 × 10個（1人当たりの情報量）」とすると、人数は多いですが、一人ひとりの情報量は少なくなります。逆に「500 = 10人 × 50個（1人当たりの情報量）」だと、人数は少ないですが、一人ひとりの情報量は多くなります。個別ケアは、一人ひとりの入居者の情報量が多くないと実践できないのではないでしょうか。

管理者と職員の距離を縮める

「施設長と話をしたことがない」と施設長は雲の上の人と思っている職員。一方、「職員との距離をどう縮めていけばいいか、飲み会も誘ってくれない」と悩んでいる管理者。距離が縮まらない限り、施設運営はうまくいきません。その距離を縮めるために、①ランチタイムを施設長室で3〜4人位の職員と共にする、②職員の誕生月に1対1で職員とお茶をする、③交換日記をするなどの方法を試してみましょう。

008
"生活単位＝介護単位"（固定配置）にすると、夜勤が2ユニット1名の配置では心配なのですが……

可能な限り守備する範囲を小さくし、情報量が少なくて済む時間帯にしましょう。

それを可能にする体制が8時間夜勤です。詳細はQ46を参照してください。

009
"生活単位＝介護単位"（固定配置）で職員と入居者に"なじみの関係"ができているとき、職員の異動はどうしたらよいでしょうか？

プロとして、どんな入居者でもどんなユニットでも対応できるよう、異動は定期的に行いましょう。

"なじみの関係"を壊さない異動の手段として、ユニット職員のうち1人を異動、というように少人数の異動であれば、全体のバランスは崩れないでしょう。当然リーダーの異動もあり得ます。

010
"なじみの関係"を大事にしていると、人間関係（職員同士、職員と入居者）が息詰まらないでしょうか？

息が詰まらないようにするために、学習やメンタル面のサポートも必要です。

解説 対人援助の仕事では、人間関係の問題を回避できるようにするのが基本です。しかし、相性もあり、うまくいかないケースもみられます。また、あってはならないことですが、職員同士のいざこざもあります。

まずは、研修で専門的なコミュニケーション技術を学習し、理解を深めることです。また、個別にメンタル面のサポートも必要です。そして、異動も解決策の1つになります。

固定配置の効果

職員の固定配置に苦労する声をよく聞きます。「職員を募集しても集まらない」「退職する人も後を絶たない」……固定配置の実現はなかなか難しいものです。一方で、ようやく固定配置が実現したときの驚きの声もあります。例えば、「職員の誰もが入居者や家族から名前で呼ばれるようになった」という話です。当り前のことのようですが、とても大切なことです。

011 ユニットの"生活単位＝介護単位"（固定配置）によって入居者と親しくなりすぎ、会話が馴れ馴れしくなることはありませんか？

"なじみの関係"が課題なのではなく、その人のプロとしての資質が問われるのではないでしょうか。

解説 暮らしを共にし、顔なじみの関係になると、お互いにいろいろなことがわかってきます。そうなると、あたかも家族のようになり、家族のように振る舞うことを求められているように思ってしまいます。家族とまったく同じ機能を果たそうと思っても、そこにはおのずと限界が生じます。

ユニットケアは、"暮らしの継続"を支援することを目的としており、職員はあくまでも入居者の生活をサポートする立場にあるわけですから、仕事への熱意からくる入居者への親しさと同時に、専門職としての冷静さをあわせもつことを忘れてはなりません。

012 ユニットケアでは、職員が1人勤務になることもありますが、情報伝達はどうしたらよいのでしょうか？

文字による記録と話し合い（会議・ミーティング）が基本となります。

解説 記録による情報伝達は簡単に実行可能で、かつわかりやすいです。ただ、大量かつ複雑な記録では、結局は読まなくなる可能性も出てきますので注意が必要です。記録についての具体的方法は、Q36を参照してください。

情報の伝達は記録で可能ですが、「これはどうなの？」という疑問の解決につながらないときもあります。そのため、月1回は、ユニットミーティングを開催し、情報の共有を図るとよいでしょう。また、勤務交代時に大事なことは口頭で伝える、そんな配慮も大事です。

職員の共有すべき意識とは？

ユニットケアでは、人間らしく安心して暮らせる生活の場づくりを目指しています。ですが、職員の数だけ介護に対する認識に違いがありますので、意識改革が必要になります。まずは、"入居者＝生活者"であるという意識を深めることが大切です。つまり"暮らしの継続"をサポートする意識ということです。

Q 013 ユニットに職員が1人しかいないとき、入居者からのいろいろな要望にはどう対応したらよいでしょうか?

24Hシートの一覧表で、あらかじめ暮らしのニーズを把握しておきましょう。

解説 当然1人でできることには限界があり、すべてには対応できないこともあります。しかし、あらかじめ予測できる場合は、優先順位を決めることはできます。1人勤務が大変というよりも、「何が起こるか心配」「何をすればよいのかわからない」という不安や心配が多いのではないのでしょうか。これからは、緊急時以外あらかじめ要望を予測できる体制づくりに努めましょう。

ユニットケアの実践は「プロ」を育てる

とある施設では、35年以上の長きにわたる集団ケア・流れ作業から脱却し、ユニットケアに取り組みました。ユニットケアの基本である固定配置と、"暮らしの継続"を保障する24Hシートの活用により、着実に個別ケアの実践が可能となってきました。それにより、入居者が笑顔になり、職員は自立支援の実現を目指し、さらに専門性を身に付ける努力をしています。ユニットケアにより、「介護のプロ」としての意識が醸成しつつあるのです。

014
Q ユニットごとに介護職のレベルが違うのですが、どうしたらよいでしょうか？

A ユニットリーダーが中心となって、ミーティングや勉強会を開き、レベルの差を埋めましょう。

解説 ユニットごとに個性や特徴が出てくることは、とても好ましいことです。しかし、介護職の介護技術やコミュニケーション能力の差によって、ユニットに差が生まれることは感心できません。結果として入居者の不利益につながります。

では、介護職のレベルの差や意識の違いを埋めるためには、どうすればよいのでしょうか？　そこは、ユニットリーダーの出番です。ユニットリーダーは、ユニットミーティングで課題を提案したり、勉強会を開催する役割があります。新米ユニットリーダーの場合は、その上司（介護長）の力を借りるのも1つでしょう。また、あまりにもユニットごとに介護職のレベルが顕著に現われてしまった場合には、定期的に介護職の配置転換を行うのも1つの方法です。

015
Q ユニットごとに、雰囲気が違ってきてしまいます。

A ユニットごとの雰囲気の違いは、あってよいのです。入居者それぞれの"家"になっているということです。

解説 職員もそこで暮らす人たちもそれぞれ違うわけですから、ユニットごとに雰囲気が違ってくるのは当たり前のことです。それを、無理やり同じものにしようとしてしまえば、それぞれの個性を潰してしまうことになり、かえってユニットケアの本筋から外れてしまうことになってしまいます。

皆同じにみえるユニット

　施設見学に伺うと、どこも同じにみえるユニットばかりのところがあります。その原因は簡単です。"生活単位＝介護単位"（固定配置）になっていないので、ケアに責任をもった運営ができていないのです。「誰かがするだろう」という責任逃れの世界になっているのです。これでは、入居者の居場所づくりができません。読者の皆さんの施設には、帰宅願望のある入居者はいませんか？　入居者の居場所はありますか？

Q 016　入居者同士のトラブルには、どう対応すればよいのでしょうか？

暴力やいじめがみられる場合以外は、あまり職員が表立って動く必要はないように思います。

解説　ユニットケアは10人前後の入居者を仲良しにしようというケアではありません。一人ひとりに対する支援で、その結果仲良しになるということです。ですからトラブルは発生するでしょう。

目の前で起こっていることの仲裁は必要ですが、仲の悪い当事者同士の関係を無理にとりもったり、けんかをしないためのコミュニケーションを仕掛けたりすることにはどうしても限界があります。私たちにできる対応としては、本人または家族の意向を聞きながら、トラブルの解消に努めていくことです。

入居者一人ひとりに向き合う根拠

"暮らしの継続"とは、1日の暮らしの積み重ねです。"暮らしの継続"をサポートするには、ケアの視点を1日の暮らしに合わせ、アセスメントすることが大切です。24Hシートは、そのツールとなります（図表7）。その考え方は図表8に示す通りです。そして、24Hシートは、単なるアセスメントシートではなく、図表9のように、運営の根拠や教育ツールにもなります。

図表7 24時間暮らしのデータ＝24Hシート

	ケアの視点 1日	時間毎の 暮らしぶり	暮らしの継続 自律支援	自立支援	サポート内容 チームケア
時間		生活リズム （暮らしぶり）	意向・好み	自分でできること	サポートの必要なこと
7：00 〜 7：20		○目覚め ・TVを見る ・電気をつける	・目が覚めてもベッドに15分位は入っていたい	・TV、電気をつける	・7：15分位に起きるかどうか声を掛け確認する
		・起きる		・身体を起こす ・座位保持 ・車いすに移る	・朝は立上がりが不安定なことが多いので、座るまで腰部を手で支える
		・トイレ	・起きたらすぐにトイレに行きたい	・車いすに移る ・手すりに掴まり立ち上がる	・ズボンを下げる ・パット交換 ・ズボンを上げる
		・着替え	・朝食時は寝衣にカーディガンを羽織りたい	・着替え（上のみ）	・どのカーディガンを着るか確認の声掛け ・ズボンの交換をする
		○洗面 ・顔を拭く ・歯磨き ・髪を整える	・湯で絞ったタオル	・顔を拭く	・湯にぬらしたタオルを絞り手渡す
			・歯磨き粉はR社のもの ・うがいはぬるま湯	・歯磨き・うがい	・うがいの声掛け
				・整髪	・カーテンを開ける

図表8　24Hシートの考え方

目的：入居者の1日の暮らし方の詳細な情報を得る・知る

時間	生活リズム （暮らしぶり）	意向・好み	自分でできること	サポートの必要なこと
7：15	リビングでTVを見ながら、牛乳を飲む	・NEWS番組がみたい ・あたたかい牛乳が好き	・リビングのテーブルまで車いす自走 ・TVをつける ・牛乳を飲む	・TVのコントローラーがTVの近くにあることを確認しておく ・レンジで牛乳を温め、テーブルの上に置く

■24時間軸の暮らしをアセスメント
入居者がこれから先、どのように暮らしたいのか、その暮らし方を本人(家族)に教えてもらう
→ ニーズを知る

■24時間軸の暮らしのケアプラン
自立支援に基づき、入居者が24時間を暮らすためのサポート方法を書く
→ プランにする

■24時間の暮らしぶりの記録へ　　　結果を書く ➡ モニタリング！

図表9　24Hシートの導入の効果

経営の根拠になる
・人員配置の計算ができる
・ケアの「見える化」で方針が明確になる

教育マニュアルである
・聞き取り項目の活用
・記録との連動で仕事の成果が明確に言語化できる

情報の共有
ケアのばらつきがなくなる
・情報の共有ができる
・ケアの「見える化」が実現

理念の浸透
入居者一人ひとりの暮らしぶりがわかる
・24時間軸の暮らしがわかる
・一覧表の活用で全体像もわかる

017

Q 24Hシートに初めて取り組みます。どうしたらよいでしょうか？

A 図表10の通り、作成から活用、更新までには7つのステップがありますので、きちんと学ぶことが大切です。

解説 まずは、施設で導入の方針を明確にしましょう。アセスメントやデータ取りを苦手とする職員が多いのではないでしょうか。それを克服するためには、図表10の24Hシート作成の7つのステップを学ぶことが大切です。自己流でやってしまうと、あとで訂正することになり、エネルギーを無駄に使ってしまいます。職員がしり込みをしないように、きちんと施設で活用していくという組織決定を打ち出さないといけません。そうでないと「やってられない」そんな声が職員から聞こえてきます。

図表10 24Hシート作成の手順（7つのステップ）

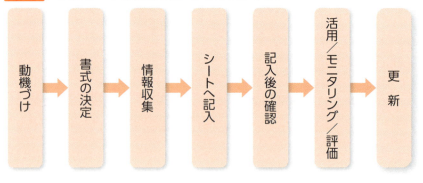

動機づけ → 書式の決定 → 情報収集 → シートへ記入 → 記入後の確認 → 活用／モニタリング／評価 → 更新

出典：秋葉都子「24Hシートの作り方・使い方」中央法規出版、61頁、2013年

018
Q 24Hシートの時間軸の幅は、どの位にしたらよいでしょうか？

A 多くは、30分や1時間を単位としています。時間帯によっては、2時間単位にすることもあります。

解説 時間軸の幅については、施設方針と入居者の暮らしぶりによって自由に設定していいと思います。24Hシートは1日の暮らし方のあらましを表すものです。入居者の暮らしぶりによって、細かく区切る時間帯と大きく区切る時間帯を臨機応変に設定しましょう。規則正しく区切られた暮らしは、存在しないと思います。

24Hシートは"ケアの見積り書"

施設選びの基準として、多くの人は「私にどんな支援をしてくれるのか」を見ると思います。24Hシートは0時から24時までの1日において、入居者がどんな暮らしを望んでいて、それをどう支援するかを示しています。いうなれば"ケアの見積り書"です。24Hシートを見れば、施設の理念や介護力がわかります。まさに品質保証となるのです。

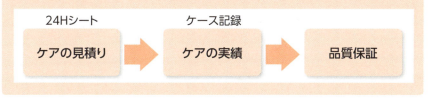

019

Q 毎日変化がある人については、24Hシートはどのように書くのでしょうか？

A まずは情報収集してみましょう。それほど違いがないことに気付くはずです。

解説 日によって、24時間の内容がすべて違う入居者は恐らくいません。「ある曜日のある時間に違いがある」「月に一度こんな日がある」というレベルの差になるかと思います。24Hシートは、入居者の"ケアの見積り書"ですので、時間幅も大きく30分～2時間の範囲で書きます。変化がある場合は図表11の橙色文字部分のように付け加えるとよいでしょう。

図表11　24時間の暮らしのデータ＝24Hシート

時間	生活リズム（暮らしぶり）	意向・好み	自分でできること	サポートの必要なこと
7：00 ～ 7：20	○目覚め ・TVを視る ・電気をつける	・目が覚めてもベッドに15分位は入っていたい	・TV、電気をつける	・7：15分位に起きるかどうか声を掛け確認する
	・起きる ・月曜日はTVを見るので起きる時間は8時になる	TVを見るのが楽しみ	・身体を起こす ・座位保持 ・車いすに移る	・朝は立上がりが不安定なことが多いので、座るまで腰部を手で支える ・月曜日は8時過ぎてから居室に伺う
	・トイレに行く	・起きたらすぐにトイレに行きたい	・車いすに移る ・手すりに掴まり立ち上がる	・ズボンを下げる ・パット交換 ・ズボンを上げる

Q 020 入居者と家族の意見が異なる場合は、24Hシートをどのように書けばよいでしょうか？

24Hシートの「意向・好み」欄に両方の意見を書き、具体的なサポート内容をチームで検討しましょう。

解説 まずは、事実をそのまま、入居者・家族どちらの意向であるのかがわかるように書きましょう。両方の意見に相違があることの是非ではなく、「入居者本人が何を望んでいるのか」「家族が何を希望しているのか」その違いを知ることが大切です。その次に、サポート内容をチームで検討し、「サポートの必要なこと」に書き入れましょう。（記入欄については、Q19図表11を参照してください）

021
夜中に入浴したいという無理な要望が出たときは、どうしたらよいでしょうか？

実際、その支援がその人にとって妥当かどうかは、本人、家族、多職種も含めて検討してプランにします。

解説 24Hシートにその行為を望む時間帯の「意向・好み」の欄に本人の意向を書き、検討します。妥当でないときは、「サポートの必要なこと」の欄に「●●の話が出た時は、▲▲という答え方をする」というようなプランを書き入れ、皆が同じように対応できるようにします。

図表12 入居者の要望に対する24Hシートの書き方

時間	生活リズム（暮らしぶり）	意向・好み	自分でできること	サポートの必要なこと
23：00		風呂に入りたい		・「入浴したい」という話があったら▲▲と答える

Q 022 言語的コミュニケーションが難しく、家族もいない入居者からどのように情報収集すればよいでしょうか？

「聞き取り」「読み取り」「観察」の3つの手法により情報収集ができます。

解説 この場合は、「聞き取り」以外の方法を用いて情報収集を試みましょう。「読み取り」では、サマリーやケース記録などを読み取ることで情報収集をします。「観察」では、入居してからの暫定的な24Hシートで支援して、その間に入居者の表情などを読み取ることにより情報収集します。また、「聞き取り」も家族だけが対象ではありません。関係者として、近隣住民や在宅のときのケアマネジャーなどもいます。

24Hシートは特養だけのもの？

24Hシートは、入居者の1日の暮らしぶりを知り、チームで支援をするためのものです。それは、特養だけのものでしょうか？ デイサービス、ショートステイ、在宅サービスで……その人の1日の暮らしが基本なのですから、すべてのサービスに使うことができます。

023

Q 24Hシートの作成では、どのような視点で書いたらよいのでしょうか？

A 24Hシートは"ケアの見積り書"です。入居者が1日をどのように暮らしたいのか、それをチームでどうサポートすればよいか、という視点から書きます。

解説 24Hシートは、誰が見てもわかるように書きましょう。職員の介護技術やコミュニケーション能力に差がある場合は、慣れていない職員に合わせて書きましょう。入居者の意向については、そのサポートが「できる・できない」に関係なく、すべて記入します。

024

Q 24Hシートの作成を居室担当者にしたのですが、皆、あまり書けません……

A 施設共通の「聞き取りシート」がないからではありませんか？ 何を聞いていいかわからず、書くことができないケースが多くあります。

解説 24Hシートに取り組むには、まずは施設の「聞き取りシート」を作成します。多職種で、それぞれが1日の暮らしの視点でアセスメントしたい項目を出し合います。それを1つにまとめたものが「聞き取りシート」です。

今までは、生活相談員、看護師、栄養士、介護職と別々にアセスメントをしていたのではないでしょうか。しかも、ケアの視点を「1

日の暮らし」に統一せず、それぞれの専門性に任せてバラバラにしていたのではないでしょうか。24Hシートはチームケアを実践するうえでも必要不可欠なものです。

聞き取りシートの項目の例として、下記の①〜⑥を示します。

①起床
・目覚めは、何時頃ですか
・目覚めの声かけや目ざまし時計の活用はしますか　など
②カーテン・電気
・カーテンは開けますか（いつ頃）
・電気は消しますか（いつ頃）
③ベッドから起き上がる
・ベッドからどのように起きますか（自分でできますか）
・ベッドから起きるときに困っていることはありますか？座位を保持できますか、立位は可能ですか　など
④排泄
・サポートする職員は同性がいいですか
・どんなことで困っていますか（ズボンなどの上げ下ろし・歩行・移乗・排泄用品の交換・排泄用品の片づけ・便意・尿意の有無など）など
⑤着替え（朝）
・いつ頃着替えをしますか（朝ごはんの前か、後か）
・自分で着替えを選びますか（いつ選んでいるかも聞いておきます）など
⑥歯磨き（整容）
・タオルや歯ブラシ・櫛・クリームなどはどこに置いていますか
・洗面はいつごろしたいですか（自分でできますか）　など

025
Q 「聞き取りシート」はどのようなものなのでしょうか？

A 入居者の1日の暮らしのなかで、職員が知っておくべきことと支援項目がすべて並べられています。つまり、職員の「教育マニュアル」といえます。

解説 聞き取りシートには、0時から始まり、朝の目覚め、就寝、夜中に至るまでの支援項目が記載されます（Q24参照）。「職員の対応がバラバラで困る」という管理者の声をよく聞きますが、これは支援内容をどこまで詳細に教育していたのか、管理者のマネジメント能力が問われているように思います。聞き取りシートを活用すれば、職員の支援内容の統一につながります。

026
Q 24Hシートにいろいろ書いていたら、量が多くならないでしょうか？

A 24Hシートは"ケアの見積り書"ですから、基本は入居者のことがわかるまで書きます。量を気にするのは二の次と考えましょう。

解説 入居者一人ひとりでその量は変わります。ただし、書き方の工夫はあります。例えば、排泄で繰り返し同じサポートをする内容であれば、繰り返し記号を使用して、省スペース化することはできます。

Q 027
24Hシートは、ケアマニュアルにならないでしょうか？

A 24Hシートは、その目的で開発されたものではありません。よって、ケアマニュアルにはなりません。

解説 ケアマニュアルのようにしてしまう人がいるとしたら、24Hシートの目的、そしてユニットケアの理念を理解していない人といえるでしょう。もう一度、24Hシートを勉強してください。個別ケアを目指し、ケアの専門家となることを目的としましょう。

Q 028
24Hシートは多職種で作成するのでしょうか？

A 24Hシートは多職種で入居者のニーズを共有し、プランを協働で作成します。

解説 多職種で作成することにより支援内容が職員や職種によって変わらないようになります。"暮らしの継続"を支援するのですから、項目は健康や食事、金銭などすべての職種に関係しています。作成担当者は介護職が多いと思いますが、聞き取り項目やプランの作成には、多職種協働は欠かせません。

029

24Hシートの更新ができないのですが……

更新を考える前に、まずは活用できているのかどうか確認しましょう。

解説 24Hシートを作成しただけで、活用できていないという声をよく聞きます。それでは、作成にかかった人件費が無駄になりますし、何のために作成したのかわかりません。活用のための一番の手段として、24Hシートを見ながら、ケース記録を書くことがあります。そうすることで、「見積り」と「実績」の差がわかり、更新の時期もおのずと見えてきます。

24Hシートは毎日更新？

24Hシートの更新時期を考えてみましょう。「①随時」「②毎日」「③状態が変わったとき」「④ケアプランの更新時」「⑤施設で3～6か月と決めている」のどれだと思いますか？　①②は難しいのが現実です。よって③④⑤が答えとなります。

030
Q 24Hシートの一覧表まで作成する必要性はあるのでしょうか？

A 一覧表まで作成することで、24Hシートは効果を十分に発揮することができます。

 24Hシートの一覧表の効果は以下の通りです。

- ユニット全体の入居者の1日の暮しぶりがわかる（鳥瞰図としての役割）。
- 1日の支援状況がわかるので、どの時間に職員を何人配置すればいいかの根拠になる。
- 時間によるケアの重なり具合がわかり対応策が組める。
- 急な欠員が出たときや新人教育などで、ユニットの全体像を示すのに活用できる。

　ただし、勘違いしてほしくないのは、24Hシートはこの通りにケアをするというマニュアルではないことです。

031

Q 24Hシートに基づいたケアをしているときに、評価は必要でしょうか？

A 評価の視点は不可欠です。24Hシートは暮らしの見積り書ですが、人の暮らしは変化しますので、見積り内容も当然変化していきます。

解説 入居者は要介護状態ですので、その変化は健常者より速いでしょう。入居者を観察し、変化を捉え、評価していくことはなかなか難しいことです。そこで、図表13のように、ケース記録を書くときには、必ず隣に24Hシートを置くようにしましょう。両者を比較することで、入居者の変化が見えてきます。その結果は24Hシートの更新につながっていきます。

図表13　24Hシートとケース記録

24Hシート

時間	生活リズム	サポートの必要なこと
7:00〜	目が覚める	目が覚めていることを確認する
〜8:00	トイレに行く	声掛けをし、トイレに車いすで誘導する　後は自分でできるので、終わったときにNCを鳴らしてもらう
8:30	顔を洗う	
〜9:30	朝食	トースト1枚イチゴジャムとオレンジジュースをテーブルの上に用意する

ケース記録

時間	生活リズム	サポートしたこと	様子
7:15〜	目が覚める	カーテンを開けた	今日は気分がいいと話された
7:50	トイレに行く		1人ですべてしていた
8:20	朝食		本人所有のヨーグルトを食べた
9:10	顔を洗う　着替える		化粧をしていた

032

Q 24Hシートが軌道に乗るまで、どの位の期間が必要でしょうか？

A 施設内に24Hシートについて指導できる人がいるどうかで期間は変わります。

解説 24Hシートの導入から更新までは、7つのステップ（Q17参照）があります。このステップを理解し、推進していける職員がいれば、より早く軌道に乗りますが、そうでなければ試行錯誤の日々が続くことになります。施設によっては、半年から2年と大きな開きがあります。

033

Q 24Hシートを職員に周知する方法はどうしたらよいでしょうか？

A まずは、24Hシートの習熟者を育成し、その人を中心に勉強会の開催や活用の確認をしていきましょう。

解説 導入には順序があります。焦らずに進めましょう。その順序は、①組織決定、②24Hシートを理解している人の育成、③チームで勉強会や見学をする、④チームでモデルを作成する、⑤チーム主催で勉強会を開催する、⑥ユニットごとに作成をサポートする、⑦作成後の振り返り、⑧定期的に活用されているか確認をする、となります。

情報の伝達と共有

施設はチームケアで成り立っています。チームケアで大事なことは「情報の伝達と共有」です。施設で伝えるべき情報・共有すべき情報とその伝達手段を整備する必要があります。これによりチームケアがより進展するのではないでしょうか。

施設で共有を必要とする情報を大きく分類すると、①施設全体の行事のお知らせ、②他部署・他ユニットのお知らせ、③入居者（家族）に関するお知らせがあります。情報は誰でも同じように伝わることが大切です。その手段が、記録（日報とケース記録）と会議（ミーティング）になります。

Q 034 今は、申し送りをしないのでしょうか？

A 朝礼のような全体の申し送りは少なくなりました。

解説 申し送りは、直接話ができる有効な情報伝達の手段ですが、シフトや業務の都合で、その場にいない職員には伝達できません。そこで、今は「記録」による情報伝達へ移行しています。ユニットケアの勤務形態は、ユニットごとに入居者に合わせたシフトですので、勤務者が一堂に会することに無理が生じます。朝礼は物理的にも不可能ということです。

Q035 記録は、どんな役割をもっているのですか？

「情報の伝達の手段」と「仕事の成果を表す」の2つがあります。（図表14参照）

図表14 記録の役割

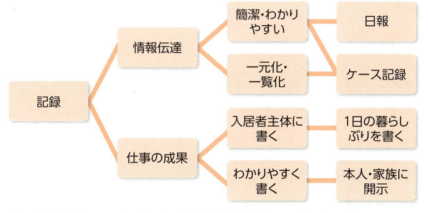

出典：秋葉都子「24Hシートの作り方・使い方」中央法規出版、103頁、2013年

「昼礼」をしてみよう

　皆で集まり情報共有する手段として、「昼礼」という工夫をしている施設があります。朝の勤務はユニットに1名配置が多いと思いますが、昼間になれば複数になります。その時間を利用して、施設で都合のいい時間を決め、顔を合わせることをしています。顔を合わせることの意義、ありますよね。

036

Q 記録は、どんなものを用意したらよいでしょうか？

A 日報、ケース記録の2種が主となります。

解説 図表15に日報の例を示します。施設全体の行事、他ユニットのお知らせ、自ユニットの入居者（24Hシートと異なる内容）の記載があります。この日報1枚を見れば、休暇を取っていた人でも、昨日何があったか、一目でわかります。入居者については、変化のみ書いてありますので、詳細はケース記録を読みます。

図表16は、ケース記録の例です。ここで重要なのは、チェック表があることです。今までは、「排泄」「食事」「水分」などの身体に関することを別の表にしていました。しかし、排便一つとっても、「出たか・出ないか」の視点ではなく、食事量・水分量・睡眠・活動などの状況も踏まえ、その現象を理解する必要があります。よって、それらの項目をケース記録に入れています。ケース記録はケアの視点が「1日の暮らし」であることから、0時から24時まで1日1枚にするとよいでしょう。それを積み上げることで、変化が見えるようになります。

図表15　日報の例

平成　　年　　月　　日（　）

施設全体の動き			
	内容	時間	
全体の動き	会議　出張　研修　委員会　見学者　催し　その他	13:30	○町民生委員10名
サークル倶楽部	書道　絵葉書　生け花　囲碁　将棋　歌	10:00	中村：参加
診察等	定期診察　リハビリ　通院　入院　退院　検査		
勤務	早番	松本　藤井	
	日勤		※
	遅番	宮口	
	バ遅		
	明番		出井
	公休	金田　西村	
	代休		
	有給		
	※勤務変更　藤井：日勤→早番		※検査通院対応のため
その他の連絡事項			
看護師	・今週火曜日から金曜日まで職員のインフルエンザ予防接種開始　期間中に必ず済ませること		

入居者の状況		
時間	名前	内容
10:00	荻野	娘さんと一緒に外出　昼食も外で済ませる　少し疲れている様子
15:00	相澤	腰痛の訴えあり通院　臨時薬あり　明日午前中検査
明日朝	石田	今晩20時以降食事中止（食止め済み）
他ユニットから		
14:00	斉藤	2ユニットに本日入居

申し送りノートの廃止？

　多くの施設には、申し送りノートがあると思います。伝えたい項目を日で追って伝えるノートで、A4のノートを活用しているところが多いと思います。手書きで、気の付いた人がそれぞれを書くということもあり、読みづらいこともあります。伝達確認のために「読んだらサインをしてください」としても、なかなか伝わらないという悩みも聞こえてきます。

　そこで、申し送りノートを廃止し、日報に一元化したらどうでしょうか？　情報の一元化で見やすく、伝わりやすく、管理しやすくなります。なかなか、思いきって変えられないとは思いますが……

図表16 ケース記録の例

時刻	日課(暮らしぶり)	支援したこと	支援時の様子・環境	かかわり 家族	かかわり 地域	確認項目 飲み物内容	量(mL)	おやつ内容	食事 主食	食事 副菜	食事 汁	食事 割合		排泄 便	排泄 尿量	排泄 形状・臭い	排泄 排泄用品	入浴	健康
0:00																			
～																			
6:00																			
7:00	10′ 介助 起床、トイレ・着替え・洗面	移乗・誘導 衣類準備	自分でお腹をさす											●			オムツ1 パッド1		
8:00	20′ 食事	食事準備				お茶 牛乳 水	100 200 50	ヨーグルト1	朝食	主 副 汁		10 10 10	トースト1						服薬
9:00	新聞・テレビ 30′ 歯磨き・化粧	バイタルチェック																	熱 36.0℃ 血圧 115/85 脈拍 84
10:00	30′ トイレ・外出	昼食後の薬の準備	突然の外出で驚いていたが、うれしそうに出かけた	長女外出										●					
11:00				↓															
12:00	(*外食)					*コーヒー *水	250 100			*うな重 *サラダ *コーヒー									服薬 (家族対応)
13:00		↓		↓															
14:00	30′ トイレ ベッドに横になる	移乗	少し疲れた表情											●					
15:00	45′ 介助「起きます」	移乗																	

情報の伝達と共有

Q 037 記録は、どこで書けばよいでしょうか？

A ユニットのリビングで書きましょう。

解説 ユニットケアにおいては、1人の入居者を中心軸に据え、そこに関わる各職種が1日のなかでどのような援助を行ったかを1つの記録にまとめ上げる「記録の一元化」が求められています。それを踏まえると、入居者が住んでいるところで記録を記入し、そこに保管することが自然な流れとなります。これが「記録の一覧化」という考え方です。介護職も看護師も他の専門職も、その入居者に関わる人たちは必ずリビングで記録を書くことになるわけです。多職種間のコミュニケーションも生まれます。

隣り合うユニット間にある記録室

隣り合うユニット間に行き来できる「けもの道」のような職員専用通路があり、その通路に職員用の部屋を設けて、そこにパソコンを置き記録スペースにしている施設があります。夜勤時は大変便利でよいのですが、このやり方はリビングとの距離が大切です。リビングが見えない離れたところにある場合は、タイムリーに記録が書けなくなってしまいます。

038 記録は、いつ書けばよいでしょうか？

ケアの合間で書きます。記録の時間をつくるのではなく、1日の勤務のなかでタイムリーに記入しましょう。

解説 従来は、寮母室やケアステーションと呼ばれるスペースで、1日の業務が終わるときに記録を書くというのが一般的なケースだったと思います。本来、記録はタイムリーに書くのが基本です。というのも、チームケアをしていますので、情報を速やかに伝えることが求められているからです。タイムリーに書けない職員には、上司が1日の仕事のやりくりを検証し、書ける時間をみつけてあげる個別指導が必要です。

情報の伝達と共有

039 パソコン入力ができない人がいるので、パソコンが導入できません。

できない人には練習してもらいましょう。

解説 できるようにするためにはどうしたらよいかを考えたらどうでしょうか。他の産業を見渡せば、パソコンを使用しない業種は少ないと思います。介護業界でも当たり前になってきています。近年は、携帯電話として、ほとんどの人がスマートフォンを使用しています。「スマホ」が使用できれば、最低限必要な知識はあるのではないでしょうか。介護業界だけ「パソコンがない」なんて世界にはしたくないですよね。

ケース記録の「特変なし」とは？

「特変」とは、特別についての変化。介護の世界で言えば、「課題」についての変化です。病院モデルから始まった高齢者介護は、病院の機能を踏襲し、「どこが悪いか＝課題」から始まりました。現在のケアは、要介護状態でそれぞれに疾患や障害はあったとしても、「暮らし」の視点（1日をどう暮らすか）になっています。「特変なし」の記載は、課題解決型視点の残存、もう昔の話になっています。この習慣を改めるには、書式を「特変なし」と書けないものに変更する。これしかないような気がします。

040 リビングで記録をまとめる場合、入居者の目の前で書いてもよいのですか?

他の入居者の記録でなければ OK です。

解説 私たち対人援助に携わる者にとっての大原則の1つに、個人に関する情報の秘密保持義務があります。国家資格を規定する「社会福祉士及び介護福祉士法」においても、「正当な理由がなく、その業務に関して知り得た人の秘密を漏らしてはならない。」と厳格に定めています。これを逸脱する行為は専門職として絶対にあってはなりません。

リビングに入居者が集まりやすい時間とそうでない時間があるはずです。そのタイミングを計ったり、どんな種類の記録を書くかを検討したりするなど、いずれかの工夫が必要になります。

041
記録を書く人によってムラがあるのですが、どうすればよいでしょうか？

24Hシートを見ながらケース記録を書くようにすれば、個人差によるムラは少なくなります。

解説 ムラがあるのは、何を書いてよいかわからないからです。24Hシートにケアプラン項目、重点項目、記録に残す項目、それぞれに印をつけておきましょう。24Hシートを見ながらケース記録を書くようにすれば、書き落としがなくなります。

また、記入事項が多い場合には、「必要な記録とは何か」「それをどう書けばよいか」、この視点で整理すると、重複の記録が見えてきます。あとは、業務の変化を好むかどうか。現状維持では進歩は望めません。

図表17　24Hシートとケース記録

24Hシート（見積書）

時間	生活リズム	サポートの必要なこと
6:00～7:00	目が覚める	目が覚めている事を確認してから、カーテンを開けるか確認してから開ける
7:00	ベッドから起き上がる	ベッド柵につかまり一人で起きるので見守りが必要（日により手助けが必要・本人から依頼あり）
7:30～8:00	歯磨きと洗顔・髪をとかす	車いす移乗介助
8:00～9:00	リビングに行く　朝食	車いすから椅子への移乗介助　ご飯は半膳・板海苔を用意

ケース記録（結果）

時間	生活リズム	サポート内容	様子
6:45	目が覚める	○	昨夜はよく眠れ気持ちがいいと話されていた
7:15	ベッドから起き上がる	○介助依頼なし	昨夜の睡眠で体調がいいと話されていた
7:30	トイレに行く	便座への移乗介助	昨夜よく寝たのでトイレに起きれなかったため、早朝のトイレが今になる
7:50	歯磨きと洗顔・髪をとかす	○	
8:20	リビングに行く　朝食	○	ご飯1膳・牛乳も飲む　Nさんと昨日外出話で盛り上がっていた

情報の伝達と共有

042 ミーティングの目的とは何ですか？

チームケアの一環で、情報の共有・伝達を目的としています。

解説 ミーティングは、チーム全員が施設における理念を共有し、ケアの方向と方法を統一する場でもあります。「自分たちは、入居者の生活をどのように支援していくのか」を議論することは、まさに私たちの仕事の中心に位置づけられるものであり、私たちにとっての作戦会議と言い換えてもよいかもしれません。したがって、普段、疑問に思っていることや、「ここをこうしたらもっとよくなる」というような自分なりの考えを、積極的に発言して、みんなでよりよいものをつくり上げていけるよう、活気のある場にしていく必要があります。

施設長がミーティングに参加すると意見が出ないことありませんか？

その通りなのかもしれませんが、施設長としては、何を話しているかが心配なのです。議事録をしっかり作成しておけば、そんな心配はありません。一方でミーティングはきちんと仕切れる人がいないと進みません。職員がうまく司会進行できないのであれば、施設長や上司が見本を見せることも必要です。なお、開設当初の落ち着かない時期は、組織のトップがミーティングに参加し、旗を振ることが大切です。

043
効果的なミーティングを行うためのポイントは何ですか？

ポイントは定期的に開催することを組織として決定しておくことです。「必ず行う」という姿勢で、業務時間内に時間を確保しましょう。

 次の①〜⑦は進め方のポイントです。

①日時の固定
「毎月、第三〇曜日の何時から」というように年間を通して決めます。予定を提示することで参加率を高める工夫になります。

②時間内の開催
会議・ミーティングは業務の一環です。時間内にした方が効果的です。休日出勤した職員には手当を支給しましょう。

③会議の場所
会議室でしましょう。ユニット内で見守りをしながらの話し合いは集中できません。しっかり業務の一環として話し合いに臨みましょう。

④パート職員の参加
参加させましょう。情報を共有していると戦力効果は大です。

⑤ユニットの見守り
会議中の見守りを協力ユニットにお願いします。会議日時を固定しておくと、協力ユニットが勤務表を作成するときに見守り要員を手配してくれます。会議に「ユニット担当者は全員参加」これは基本です。

⑥参加者
会議の性格により、役割を明確にして参加者を決めます。

⑦報告
業務の一環として、報告用に議事録を作成します。

044

Q ミーティングばかり開催されて、肝心なケアが手薄になってしまいます。

A ミーティングの意義と開催頻度を見直しましょう。

解説 開催頻度としては、ユニットミーティング、ユニットリーダー会議は月1回の開催を目安にします。それ以外に委員会がありますが、それは頻繁ではないと思います。

また、決められた時間内で終わらせる工夫も必要です。だらだら時間ばかり過ぎて成果がみえないときは、「ミーティングはうんざり」と思うでしょう。ミーティングの時間を取るということは、その分を入居者に時間をいただいているということです。時間内に話し合いが終了できず、積み残しの議題があっても、決して入居者に迷惑をかけることのないようにする必要があります。

効果の違いわかりますか？

30分の会議を毎週行うと、月当たり120分を要します。120分の会議を月1回開催しても、月当たりは120分です。同じ時間を費やしていますが、その効果は違います。30分の会議は、その週の伝達事項で終わってしまうことが多いですが、120分にまとめれば、議論が可能になります。会議は〇〇分と一律に決めてしまうのではなく、会議の内容により、時間の使い方を工夫しましょう。

入居者一人ひとりに向き合う勤務

　入居者一人ひとりの自律した"暮らしの継続"をサポートするためには、サポートする側の自律も求められます。ユニットケアでは、これまでの介護ではみられなかった「職員の自律」への新たな取り組みがあります。

　1つは、自分達で働き方を考えるために、勤務表をユニットごとに作成することです。もう1つに、ユニット活動費の職員への委任（ユニット費の活用）があります。一人ひとりの入居者を支援するために、自ら行動できる働き方をここでは考えます。

045
ユニットケアにおいて、勤務体制（シフト）を作成する際のポイントは何ですか？

「入居者の暮らしに合わせる」と「日中に人手を多くする」がポイントになります。

解説　シフトには、顧客のニーズに沿うことと、働く人たちの安全が保障されている必要があります。その具体的な実践方法は、図表18の通りです。

①労働のニーズ把握として、「24Hシートの一覧表」の活用
　・どの時間に何人の職員配置
　・8時間労働の正規職員か、短時間労働者かの検討

② 臨機応変に働ける環境として、「10種類以上のシフト」を用意（図表19参照）
　・就業規則に10種類以上の労働時間を掲載する
　・関係機関に届ける
　・毎月使わないシフトがあってもOK（常時使用するのは数種類）
③ 「ユニットごとの勤務表」を作成する

図表18　勤務表の作成

入居者の暮らしに合わせる	日中に人手を確保する
24Hシートの一覧表 10種類以上のシフト ユニットごとの勤務表	8時間夜勤

図表19　シフトの種類

今までの一般的な例（4種が多い）

- 早番…7：00〜16：00
- 日勤…9：00〜18：00
- 遅番…10：00〜19：00
- 夜勤…17：00〜9：00

ユニットケア（10種類以上）

- A……7：00〜16：00
- B……7：30〜16：30
- C……8：00〜17：00
- D……8：30〜17：30
- E……9：00〜18：00
- …
- M……13：00〜22：00
- 夜勤…22：00〜7：00

Q 046
8時間夜勤を導入している施設があると聞きましたが、どんな考え方なのですか？

日中に職員を多くするための方策です。

解説 8時間夜勤の仕組みを図表20に示します。22時（もしくは21時）から仕事を開始し、おおよそ翌朝の7時までという勤務パターンです。通常の16時間夜勤は"入り"と"明け"に2日間の夜間勤務となり、"明け"の次の日は休日でしたが、8時間夜勤の場合は"入り"1日が夜勤勤務となるので図表21の通り昼間に人手を回すことができます。運用には、下記のポイントがあります。

①公休と夜勤の数のバランスを保つ
　"明け"の日が公休になるので、1か月のうち公休が9〜10日の場合は夜勤が4日くらいとする。

②法定休日を守る
　法定休日とは、0時から24時までの1日間勤務しない日をいい、法令上、原則週に1日は法定休日をとらなくてはならない。（厚生労働省・都道府県労働局・労働基準監督「介護労働者の労働条件の確保・改善のポイント」6頁参照）

③勤務時間を工夫する
　夜勤は入居者の安眠の支援を目的とするので、その勤務時間は就寝から目覚めまでとなる。地域によって差はあるが、21・22時〜7時が勤務時間となり、当然、0時交替はなく、朝の8・9時まで勤務することもない。

図表20　夜勤の考え方

17	18	19	20	21	22	23	24	1	2	3	4	5	6	7	8	9
	夕食	お休みケア	お休みケア										おはようケア	おはようケア	朝食	

夜勤の考え方
- 可能な限り拘束時間を短くする
- ケア（情報量）が少なくて済むようにする

図表21　人員配置の検証

人員配置 （1ユニット10人の場合）	2：1 **8時間夜勤**	2：1 **16時間夜勤**
職員数	5人	5人
1ヵ月当たりの総労働者数	5人×30日＝150人	5人×30日＝150人
1ヵ月当たりの公休取得者	5人×9日＝45人	5人×9日＝45人
1ヵ月当たりの夜勤者	15人	30人 （入り・明け2日間）
総労働者数	150人－45人－15人 ＝90人	150人－45人－30人 ＝75人
日中の勤務者数 **（7時〜22時）**	90人÷30日＝ **3人**	75人÷30日＝ **2.5人**

047

Q 8時間夜勤時の休憩はどのようにとればよいですか?

A 休憩のとり方は施設によってさまざまですが、工夫として3つ方法を紹介しましょう。

① 2ユニット1名勤務に加え交代職員を派遣
② 職員の休憩中(1時間)は他のユニット(4ユニット)の分まで見る
③ 担当ユニットにいる間に勤務しない時間をみつける

なかなか思うようにはいきませんが、勤務の実情から工夫を考えてください。

8時間夜勤にすると夜勤手当が半額になると思っていませんか?

16時間夜勤でも8時間夜勤でも1晩は1晩です。高額の手当だったので減らしたという例を一度だけ聞いたことがありますが、それ以外にはありません。夜勤手当の全国平均は5000円前後ですから、ご安心を!

048 8時間夜勤は連休がとれないでしょうか？

夜勤日を工夫すればとることが可能です。

解説 8時間夜勤はQ46の3つのポイントを守って運用すれば、その組み合わせは自由です。勤務の実情に合わせて運用しましょう。

図表22　8時間夜勤で連休をつくる3つのパターン

	1日目	2日目	3日目	4日目	5日目	6日目	7日目
パターン1	夜勤	休日	休日				
パターン2	夜勤	夜勤	休日	休日			
パターン3	夜勤	夜勤	夜勤	夜勤	休日	休日	休日

※パターン3は、1週の間に4日まとめて夜勤をし、他の3週は日勤勤務のみ

入居者一人ひとりに向き合う勤務

049 8時間夜勤のメリットを知り導入を職員に理解してもらうには、どうしたらよいでしょうか？

説明と体験により、職員はメリットを理解できると思います。

解説 とかく人間は、実践の前にいろいろ考えてしまいます。しかし、8時間夜勤は体験してはじめて、心身にかかる負担の少なさが理解できます。まずは説明から始めて賛同者を増やし、体験ができる手段を考えることです。ユニットリーダー以上の責任者の同意を得て、賛同者に2か月以上の期間で8時間夜勤を体験してもらいましょう。その体験の感想を集計し、職員に報告することでさらに賛同者が増えていくと思います。

「自らのこと」として考える

ある施設の話です。ユニットケアを始めて何年か経ち、職員に「この施設に入居したいと思う？」と尋ねたところ、「YES」の回答数はさみしい限りだったそうです。そこで、もう一度ユニットケアを学び直し、"暮らしの継続"が実現できるよう、「自分が入居したいか」という視点を大切にして取り組んでいます。福祉に携わる人たちは、制度や仕組みばかりを見て、「自らのこと」として考えていないことが多いように思います。

Q 050 夜勤時間が終了しても定時に上がれないのですが、どうすればよいでしょうか？

「24Hシートの一覧表」で入居者のニーズと職員配置を見直しましょう。

解説 　早番の人手が足りていないということであれば、日勤者を早く出勤するようにシフト変更しましょう。または、短時間パートの採用を考えましょう。夜寝ていない夜勤明け職員が、朝に残業すると、「早く終わらせよう」とするケアに結び付く可能性が大きく、また疲労の蓄積や事故にもつながりかねません。仕事に熱心なあまり、夜勤明けに残っていることはありませんか？　長期的にみて何が大事なのか考えましょう。健康でいきいきと仕事をするには、仕事を他の職員に任せる判断も重要です。

Part 2

建築面から
ユニットケアを考える

ユニット＝1軒の家　051-072

"街"の機能　073-074

設え　075-077

1 建物の意味

夕刻になると、「私、家に帰ります」という帰宅願望のある入居者に「ご飯を食べてから帰られたらどうですか……」と入居者の気を紛らわせながら支援するでしょうか？ その場はしのげても翌日はどうでしょうか？ 同じことが繰り返されます。その原因は、施設に入居者の居場所ができていないからです。高齢者施設は、"暮らしの継続"の場です。そのため、暮らし方を踏まえたケアに加え、住まいとするための環境づくりが求められています。環境づくりの考え方を図表23に示しました。

図表23 施設を住まいにする方法

建物の理論を理解する	物には役割と意味がある	高齢者の視点に合わせる
・ユニット＝1軒の家 ・ユニット以外＝街	・施設は高齢者の"家"である （本物志向にする）	・車いす目線にする →掲示物、いす・テーブル

2 建物の理論

建物は図表24のように"1軒の家"（ユニット）と"街"（ユニット外）からなっています。ユニットは「食べて」「出して」「寝起き」などの生活行為をする場です。居室（プライベート・スペース）とその他の生活行為をする場（セミプライベート・スペース）から構成されています。

"街"の部分には、レクリエーションや井戸端会議などの入居者の活動を中心としたセミパブリック・スペースと、家族や地域の人も自由に使える喫茶店や売店などのパブリック・スペースがあります。

"1軒の家"と"街"の両方があるのは、どんなに要介護度が重度になっても、最期まで当たり前の暮らしができるようにするという理由からです。ちなみに、グループホームは"1軒の家"の機能だけになります。

図表24　施設がもつ"1軒の家"と"街"の機能

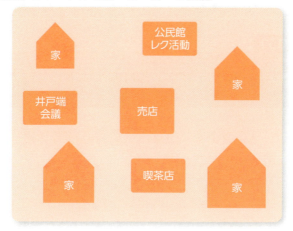

3　物には役割と意味がある

　家の設えや飾りには役割と意味があります。読者の皆さんは自宅で写真をどのように飾っていますか？　下記写真のような飾りつけはしていないでしょう。ユニットを"本物の家"にするためには、設え一つひとつに「役割と意味がある」ことを考えてみましょう。

このような飾り方で入居者は見やすいでしょうか？

4　高齢者の視点に合わせる

　施設は入居者の"家"です。職員はその家に8時間お邪魔をしていると捉えます。主役は入居者であって、歩ける人・車いすの人など身体状況を加味した、入居者が暮らしやすい環境づくりを心がけましょう。

ユニット＝1軒の家

051

Q ユニットとはどのような場なのでしょうか？

A ユニットとは10人前後の入居者が暮らす"1軒の家"です。

解説 　一般的な家では、朝起きて、歯をみがいて、食事をして、トイレに行って、ときには外出をして、風呂に入って、夜になったら寝るという生活行為が行われます。ユニットは住んでいる人数は一般家庭よりも多いですが、そこでの生活は"1軒の家"での行為と同じです。

　ですからユニットにも、自分の部屋があり、調理をするキッチンがあり、食事をするダイニングがあり、そのほかにも、リビングや浴室などさまざまなスペースがあります。

　家と異なると点といえば、ユニットは介護を必要とする高齢者の住まいであるがゆえに、汚物処理室や職員のための記録の場があることです。

052 ユニットの設え（整備）の仕方はどう考えるとよいでしょうか？

どこも一律な内装ではなく、普通の家庭と同じように、それぞれ個性に合わせて違うものにすることが大切です。

解説 ユニットは"1軒の家"です。自分の家の近隣をみてもどれひとつ同じ家はないと思います。まずは、ユニットごとに入居者一人ひとりに合わせた設えにしましょう。自分の居場所ができることで"暮らしの継続"につながります。表札やカーテン、電灯なども入居者の好みに合わせてそれぞれ違うものを用意したり、自宅のものを持参してもらうと、居室内の色彩が豊かになります。

知っていますか？　ドアノブと手すり

写真左は「ドアノブと手すりが一体になっているタイプ」ですが、読者の皆さんは、高齢者にとって手すりが動くものがよいと思いますか？写真右は「ドアノブと手すりが別々のタイプ」です。居室入口での転倒の一因にもなりますので、手すりは動かない別々のタイプに整備しましょう。

ユニット＝1軒の家

053

Q ユニットの玄関をどう考えたらよいでしょうか？

A "ユニット＝1軒の家"ととらえ、入居者が「ここからが自分の家だ」と思えるようにしましょう。

解説 玄関とは文字どおり、建物・住居の主要となる出入り口のこと。「その家の玄関をみれば、そこに住む人がわかる」といっても過言ではないほど、玄関のもつ意味は大きく、住まいにとっては表の顔や象徴ともなる場所です。

多くの高齢者施設の場合、玄関といえば、施設全体の正面玄関と職員のための通用玄関の2つであったと思います。ユニットは"1軒の家"ですから玄関があって当たり前です。

なお、家族が施設の中を通らず、直接外に開いたものもあります。

外から直接ユニットへ入ることのできる玄関

施設内のユニットの入り口としての玄関

054 玄関の飾りつけはどうすればよいでしょうか？

一般的な家屋と同様に考えることができます。

解説 一般的な家屋では、玄関にたどり着くまでに、道路に面した門から玄関までのアプローチが続きます。ユニットに当てはめると、ユニット玄関の前は、道路から玄関までのアプローチになります。ここにはイングリッシュガーデン風の植え込みや伝統的な石灯篭・置き石など、さまざまな様式があります。どの家屋にもある郵便受けをつける工夫をしてもよいでしょう。

次は、ユニット玄関の中です。これが家の玄関にあたります。飾りつけは下記の写真のように、生け花や絵などのちょっとした飾り、靴箱、スリッパ立てがあるとよいでしょう。そして、たたき（靴を着脱する場）として認識できるように、屋内の床とは変化をつけている施設もあります。

家屋の門から玄関までのアプローチを意識した玄関

Q 055 入居者にとって居室とはどのような場所なのでしょうか？

自分が好き勝手にできて、ホッとすることのできる場所です。

解説 ホッとする場所にするには、入居者一人ひとりの個性や生活のリズムを大切にできる設え(しつら)が大切になります。他人の視線を気にせず、自分らしくいられる居場所があるからこそ、外の世界へも関心が向き、他者との交流が生まれるのです。ここに居室というプライベート・スペースのもつ本質的な意味があります。

「これから身体状況が重度化する入居者に個室は必要なのか？」という議論がありますが、どんな状態になろうともその人はその人です。自分の居場所はあって当たり前といえるでしょう。

玄関のない風景、玄関のある風景

2つの写真は、ユニット玄関のなかった施設が改修して玄関をつくった、いわゆるビフォー・アフターです。認知症のある人であれば、どちらを"家"だと認識するでしょうか？

ユニット＝1軒の家

Q 056 入居者は居室に家具を持ち込んでよいのでしょうか?

 A OK です。居室は入居者が自由にできる空間です。

解説 「たくさん持ち込まれて困ってしまう」というのは、取り越し苦労と思ってください。むしろ、多くの入居者は、自宅からではなく病院や他の施設から移ってきますので、家具を持ち込む人は少ないと思います。

逆に家具を持ち込んでもらえるように下記の①～③のように働きかけるとよいでしょう。

> ①住んでいた自宅にうかがって、「こんなものがいいですよ」などと具体的にアドバイスをする。
> ②本人や家族に他の入居者の居室を可能な範囲でみてもらい、どのようなものを持ち込んできたらよいかを理解してもらう。
> ③入居してから1つずつ揃えていって、新しい住まいの思い出を刻んでいくという楽しみもある。

胃ろうの人も居室を居心地よくしている

家具を持ち込んでいる居室

057

Q 居室のドアは開けておかないと心配なのですが……

A 職員の都合でドアを開けっ放しにしてはいけません。

解説 読者の皆さんはホテルに泊まるとき、ドアを開けっ放しにしますか？ それと同様です。でも、心配という職員の気持ちもわかります。次の①②の対応をしてみましょう。

①少人数の体制をつくる
　何人の入居者だったら情報が把握できるか、その人数に対応した体制を構築する。ユニット型施設やグループホームのように10人前後の入居者だと、情報が把握可能な範囲といえる。

②各入居者の24Hシートで1日の暮らしを理解する
　24Hシートの作成により、入居者一人ひとりの行動パターンや暮らしの意向を知り、不安をとりのぞく。

入居者によっては「ドアを開けておいて」という人もいます。そのときは、24Hシートに「○時から○cm開ける・理由は○○」というように情報を共有しましょう。ただ、1日中全開という人は少ないでしょう。

居室を覗かれると落ち着いて暮らせません

ユニット＝1軒の家

Q 058 個室にすると、居室の中に閉じこもりきりになるのではないかと不安です。

個室であることが問題ではありません。閉じこもってしまうような支援の内容を見直しましょう。

解説 「リビングにいてもすることがなく居心地が悪い」「レクリエーションなどの活動プログラムがなくてつまらない」などの理由で居室に閉じこもるのではないでしょうか。人は生活音や他の人の気配に興味をもちます。入居者が居室の外に興味をもつように工夫しましょう。

のれんの使い方

写真のように「居室のドアを閉めてしまうと心配だから、代わりに一律ののれんで隠している」という対応をしていないでしょうか？ のれんの文化は地域や個人で異なります。入居者一人ひとりの意向に沿うようにしましょう。

059 Q リビングの使い方を教えてください。

A リビングは、「食事」「くつろぎ」「記録」の場です。それぞれにふさわしい場所を用意しましょう。

解説 食事の場は、読者の皆さんの家のダイニングキッチンと同じ役割で、食器棚や電子レンジ、冷蔵庫、炊飯器、流し、電磁調理器、ポットなどに加え、食事をするテーブルがあります。くつろぎの場は、居間の役割です。テレビやカレンダー、観賞用植物などがあり、食卓とは異なりソファーなどのくつろげるいすがあります。記録の場は、いわば家事コーナーです。テーブルと書類がおける棚などがあるとよいでしょう。

カギをかける時の注意

　居室にカギが必要か否かと質問が時々ありますが、その答えは、YESです。ただし、車いすでカギをかけられる位置にしましょう。カギがあると有効な例として、「誰かが間違えて入ってくる」とか「勝手に入ってくる」ことが心配な入居者に安心感をもたらします。特に「部屋の物が取られる」という不安のある人には効果が大きいです。いざというときのために、入居者との約束事として、緊急時はマスターキーを使用することを決めておくとよいでしょう。

060 Q キッチンには何を整備したらよいでしょうか？

A キッチンが当たり前の台所になるように、普通の家庭と同じものをすべて揃えましょう。

解説 流し台と調理台、食器と食器戸棚、炊飯器、トースター、電子レンジ、冷蔵庫、ポット、電磁調理器……。そして、食器洗浄器。この食器洗浄器は「働く女性の家庭に1台」といわれるように、家事の効率化と衛生面で効果がありますので、最近は必須アイテムとなりつつあります。

また、戸棚や冷蔵庫を購入するときは、必ず容量のチェックをしてください。「せっかく導入したのに、食器や食材が全部入らず役に立たない。そこで、もう1台入れたら、今度はキッチンが狭くなった」という声がよく聞かれます。

きちんと整備されたキッチン

061

Q これから入居者の身体状況が重度化していくので、キッチンは必要ないように感じるのですが。

A どんなに重度化しても、いつまでも"暮らし"を感じ続けたい……。入居者はそのように思っているはずです。

解説 ご飯のにおいや蛇口から水が流れる音、またその風景を見たり聞いたりするという、そんな当たり前のことで"暮らし"を感じることができるのではないでしょうか。

これから入居者の身体状況が重度化していくと、キッチンを使える人は少なくなるでしょう。ですが、キッチンは家族や職員が使ってもよい場所でもあるので、"暮らし"の風景をつくり出すことはできます。キッチンがあるからこそ"暮らし"が生まれるといってもよいでしょう。

職員向けのお知らせの掲示

施設は入居者の"家"です。職員向けのお知らせをリビングに貼るのは、いかがなものでしょうか。職員専用の休憩室や職員通用口に掲示することが自然かつ効果的でしょう。

062 リビングの「くつろぎの場」には、どんな工夫が必要ですか？

一般家庭の居間と同じです。

解説 読者の皆さんの家の居間には、何がありますか？ テレビ、カレンダー、時計、絵、写真、花、観賞用植物、思い出の小物、雑誌、本、新聞、お茶の道具、ソファー、こたつなどがあるでしょう。同様のものがあれば「くつろぎの場」として成立します。しかし、どうも違和感が残るというときに、まず確認してほしいことは、家具や備品の置き方・色・素材などの統一感です。何でも飾ればよいというわけではありません。次に、花や観賞用植物があるかです。植物は癒しになります。これらを押さえておけば、あまり飾りつけをしなくても居心地のよい場所になると思います。

くつろぎの場としてのリビング

花や植物があると癒しになる

063 リビングに入居者の作品を飾ってはいけませんか？

A 飾ってほしい人とそうでない人がいます。まずは、どちらを希望するかを確認しましょう。

解説 飾る場所の第1候補は入居者自身の部屋になります。次の候補はセミパブリック・スペースやパブリック・スペースの作品展示コーナーです。展示する際には、場所の指定と期間を決めることで、きちんとした展示にしましょう。「リビングに飾りたい」「ユニットの仲間に見せたい」という場合でも、上記と同様にリビングのスペースと展示期間を決めて飾りましょう。その際は、作品に対する配慮も必要です。

セミパブリック・スペースに飾った入居者の作品

064
記録の場は、どのように整備すればよいでしょうか？

記録の保管場所やパソコンの設定など守秘義務を守る工夫をしましょう。

解説 記録の場を各ユニットのリビングにつくると、タイムリーに空き時間を使って記録することができます。2ユニットの間に職員専用の部屋を置き、そこで記録する施設もあります。

記録で大事なことは守秘義務の遵守です。記録の出しっ放し、スクリーンセイバーやパスワードの設定のないパソコンを使用してはいけません。記録類は簡単に手の届かない場所に置くような工夫が必要です。パソコン入力の場合は、各ユニットに1台あれば、入力待ちの時間はないと思います。

書類やパソコンを開きっ放しにするのはやめましょう

ユニット＝1軒の家

065 Q 浴室はどの位の割合で配置すればよいでしょうか？

A ユニットごと、もしくは隣接するユニットごとに浴室を設けましょう。隣接するユニットに1か所の浴室を設置する場合は、浴槽をユニットの数だけ揃えるようにしてください。

解説 ユニットケアの入浴介助はマンツーマン方式が基本となります。つまり、1人の職員が誘導・脱衣・洗身・入浴・着衣・誘導を一貫して行うことになりますから、居室から浴室までの動線が長くなると、移動に多くの時間が必要となってしまいます。入居者の希望に沿って支援するには、身近にある方が効果大です。

ユニット＝1軒の家

おもゆの味

目の前の入居者がおもゆを食べたいといっています。読者の皆さんは病身の人の好きな味がわかりますか？ これは暮らしを共にしていた人だからこそわかることですので、家族に調理してもらったらどうでしょうか。ユニットにキッチンがあるということは、それが手軽にできるのです。

066 浴槽はどんな種類を用意すればよいでしょうか？

 これから入居者の身体状況が重度化していくことを考えると、各ユニットにリフトを備えた個別浴槽が必要になるでしょう。

解説 浴槽には、1人ずつ入る個別浴槽（個浴）のほか、臥位式機械浴槽（機械浴）、座位式機械浴槽（リフト浴）などの種類があります。個浴は次頁の写真のように、3方向いずれからでも入ることのできる浴槽の置き方にすると、どんな身体状況にある入居者でも浴槽に入りやすくなります。さらに、前述の通りリフトをつけるか姿勢保持機能付き個別浴槽が必要です。入居者の安全と職員の腰痛予防につながります。リフトにはさまざまな種類がありますので、施設に合ったものを検討しましょう。

なお、機械浴については、施設に1つ、もしくはフロアに1つの割合で用意しておく程度でよいでしょう。小規模施設ではリフトで対応し、機械浴を用意しないところもあります。

このような置き方をすれば、3方向いずれからでも浴槽に入ることが可能となる

必要に応じて個別浴槽にリフトを設置する

臥位式機械浴槽の一例

067 脱衣室は、どのように整備したらよいでしょうか？

入浴前後に着替えるスペースがあればそれで十分です。

解説 個浴におけるマンツーマンでの入浴の場合、従来のような集団で順番に入浴するスタイルとはまったく違いますから、入居者1人と職員1人が利用できればよいわけです。このように脱衣室の使われ方が決まれば、おのずと広さも決まってくるのではないでしょうか。

また、隣り合った2つのユニットにそれぞれ1つずつ浴室があるにもかかわらず、脱衣室だけは共用しているケースがみられますが、建物の構造上の理由であればともかく、個浴の意義を考えれば、可能な限り脱衣室もそれぞれに設置してほしいと思います。

足台は使っていい？

立ち上がりは両足がつくことで安定します。足がつかないからといって足台を使用することは、立ち上がる際の転倒リスクになります。このような場合は、テーブルといすの高さを低くする「足切り」をしましょう。

ユニット＝1軒の家

068 Q 洗濯はどこですればよいでしょうか？

家庭と同じように、脱衣室に洗濯機を置いて洗濯をしましょう。

解説 浴室と脱衣室を各ユニットに設置するときは、家庭のように脱衣室に洗濯機を置いて洗濯をします。ユニットごとに入浴をすると、1日の入浴者は3～5人程度になります。家庭での洗濯量と変わりませんので、家庭用洗濯機で十分かと思います。洗濯機に加えて乾燥機を設置している施設もあります。

脱衣室にある洗濯機

069

Q 汚物処理室はどのように整備したらよいでしょうか？

A できれば1ユニットごと、少なくても隣り合う2ユニットに1つ汚物処理室があるとよいでしょう。

解説 汚物処理室が近くにあると、交換した汚物を素早く処理でき、においを遮断できます。汚物処理室が近くにないとどうしてもトイレに汚物を置くことになり、それが施設のにおいのもとになってしまいます。汚物処理室には、汚物流しや家庭用洗濯機（脱衣室の物とは別に）の設備が必要です。

汚物処理室にも洗濯機が必要

ユニット＝1軒の家

070

Q トイレの整備方法について教えてください。

A 日本医療福祉建築協会のガイドラインを参照して、トイレを整備しましょう。

解説 日本医療福祉建築協会編『個室ユニットケア型施設 計画ガイドライン～個別ケアを支える居住空間のあり方～』では、①全居室にトイレがある場合はリビングに1か所以上、②全居室にトイレがない場合はリビングに3か所以上、整備することとしています。近年は、全居室にトイレを設置する施設も増えてきました。

廊下を楽しい場所にする工夫

　長いだけの廊下は殺風景ですよね。スペースがあるのでしたら、利用しない手はありません。廊下は"家"までの"道"と位置づけて、ベンチや自販機などを置く工夫をすると、楽しい場所に生まれ変わります。

071 トイレを設置する場合、どれ位の広さが適切でしょうか?

プライバシーに配慮したうえで、排泄の自立を促しやすい広さと形状を備えているかが重要です。

図表25の通り、居室内の設置と、居室外(例えばリビングなど)の設置に分けてポイントを整理しましょう。

図表25 トイレを設ける場合のポイント

必須項目	居室内にトイレを設ける場合	居室内にトイレを設けない場合
	❏トイレは壁で仕切る(アコーディオンカーテンは適切でない) ❏歩行可能な利用者が扉を閉めて利用でき、介助を必要とする車いす利用者が扉を開けた状態で利用できる広さと形状	❏車いすがトイレ内に入り扉を閉めることができる広さ

参考事例	居室内にトイレを設ける場合	居室内にトイレを設ける場合
	❏ベッドからのアプローチが短いトイレの位置 ❏車いすがトイレ内に入り扉を閉めることができる広さと形状 ❏居室入口からトイレの出入りが見えない配置やしつらえ ❏おむつや排泄用品を置く棚やスペース	❏共同生活室からトイレの出入りが見えない配置やしつらえ ❏おむつや排泄用品を置く棚やスペース

出典:日本医療福祉建築協会編『個室ユニットケア型施設 計画ガイドライン〜個別ケアを支える居住空間のあり方〜』22頁、2005年。

居室のトイレ

リビングに設置されたトイレ。トイレ内で車いすが移動できる広さになっている

スッキリ収納の罠

　最近のキッチンは家電製品もスッキリ収納できることが売りになっています。さらに、食器戸棚は曇りガラスで食器が見えないようになっていることが多いと思います。しかし、認知症の入居者の認識はどうでしょうか？　右の写真を見比べてください。曇りガラスを取り除いた方が、より「食べる場」と認識してもらえるのではないでしょうか。

072 Q トイレの仕切りは、ドアとカーテン、どちらがよいでしょうか？

トイレの仕切りは、当然、ドアがよいといえます。

解説 たとえ居室内に設置するトイレであっても、プライベートな場所ですから、カーテンの仕切りでは落ち着くことはできません。いかに落ち着ける空間にするか、それを考えれば自然とドアとなるでしょう。

そうすることで、においの問題の解決にもつながります。

「トイレで入居者が倒れていたら心配だから、カーテンにした方がよいのではないでしょうか」という質問をよくされますが、カーテンでも閉めてしまえば中は見えませんので、結局は同じことになるのではないでしょうか。

居室内のトイレであっても、カーテンの仕切りでは、やはり落ち着かないもの

"街"の機能

073
Q 入居者がユニットに閉じこもりがちなのですが、何を整備すればよいでしょうか？

A セミパブリック・スペースを整備し、隣のユニットと交流できる仕掛けをつくりましょう。

解説 セミパブリック・スペースはユニットを超えた交流の場であり、この空間の存在はユニット型施設の特徴といえます。入居者がユニット内の関係性から一歩前に足を踏み出し、新たな関係性を築く場ですから、入居者の活動範囲にとどまらず、生活そのものも拡げることにつながります。つまり、高齢者施設に求められる"街"の機能（本物をつくる）です。

具体的には、サークル活動やクラブ活動の場、ユニットを超えた人たちとの語らいの場として設けられます。その広さも、入居者全員が集まるわけではありませんから、それほど大きなスペースが必要になるわけではありません。廊下の一部分やケアステーションを利用しているところも見受けられます。

セミパブリック・スペースに書棚をおくと、ユニットを超えた交流のきっかけになる

074 パブリック・スペースとは、どんな場所をいうのですか?

パブリック・スペースとは、施設の正面玄関のほか、喫茶店やレストラン、理美容室、ギャラリー、ホールなどで構成される、誰もが利用できる場所のことです。

解説 パブリック・スペースは、"街"の機能そのものです。入居者や職員だけではなく、家族や地域の人たちも利用でき、入居者が外部との交流を図ることができる場所となります。したがって、みんなが行きたくなるような場所であり、みんなが使いたくなるような場所でもあります。

「もし、自分の街にこんな喫茶店があったら、こんなレストランがあったら、行きたくなる」「自分がこの店のマスターだったら、お客さんに来てもらうためにどうするか?」。そういう視点で見ることができれば、自然とよいものができてきます。つまり「本物をつくる」ということです。運営に当たっても、可能であれば施設の職員ではなく、外部の第三者に委託するのもよいでしょう。

"街"の整備に担当者をつける

"街"の部分のつくりこみが大事なことは理解されていますが、なかなか整備できていないのが現状です。整備のためには担当制が必要です。担当者は施設の状況に応じて決めて構いませんが、ユニット担当者がユニットに加え、"街"の部分の整備も担当するのは厳しいでしょう。可能であれば、それ以外の職員が担当できると、いつもとは違う視点の整備ができるかもしれません。

設え

075
Q 施設内の掲示物は、どの位の高さにすればよいでしょうか？

A 車いすで見える高さです。「あれっ、何でこんなに低い所にあるんだろう？」と思うぐらいがちょうどよいと思います。

解説 近年は、入居者の身体状況の重度化が進み、歩行できる人よりも、車いすを使用する人が多いと思います。

ある施設では「110運動」という取り組みを展開しています。これは、多くの場合、車いすに座った高齢者の目線が床から110cm程度の高さになることに由来しています。

110運動の成果により、入居者の目線に合わせて絵が掲げられている

Q 076 食卓といすの高さはどの位が適当でしょうか？

A 両足がきちんと床につき、前かがみになれる高さにしましょう。

解説 読者の皆さんも、自分で試してみてください。いすから立ち上がるときは、足を後ろに引いて立ち上がります。両足がきちんと床についていないとできません。写真左の通り、基本姿勢は足が床についてテーブルに両肘を載せて前かがみになれる姿です。そうすると、市販されているテーブル類は高齢者にとって高く、「足切り」が必要になります。全入居者に合わせることはできませんので、写真右のように3種類位の高さの物を用意するとよいでしょう。

座ったときの姿勢が大切

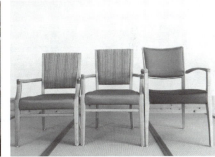
足切りしたいす

077

Q これから入居者の身体状況の重度化が進んでいくなかで、用意することはありますか？

A モジュール式車いす、歩行器、リフトなどの福祉用具の活用が必要になります。

解説 自分のことが自分でできない入居者には、安全で安心していただくケアが求められ、なおかつ、職員も安全であることが大事です。したがって、「抱えるケア」は好ましいとはいえず、そのため福祉用具の知識と活用は欠かすことができません。個人の持ち物として、メガネや杖は当たり前ですが、モジュール式車いす、歩行器なども加わります。職員としては、リフトは必需品で、各ユニットに用意があるとよいでしょう。「腰痛のある職員はプロではない」という意識で用意をするべきです。

床走行式リフト

リフト

Part 3

暮らしのサポートから
ユニットケアを考える

起床	078-081
着替え・身だしなみ	082-087
食事の場面	088-124
口腔ケア	125-128
排泄の介助	129-133
入浴の介助	134-142
健康管理	143-145
日中の過ごし方	146-155
夜間の関わり方	156-157
家族との関わり方	158-162
ユニット費	163-165
終末期の入居者への対応	166-168

起床

078

Q 起床の時間はバラバラでもよいのでしょうか？

A 起床時間はバラバラなのが自然です。ユニットケアでは、人それぞれの生活リズムを大事にします。24Hシートにデータをきちんととりましょう。

解説 では、ここで職員が問題ととらえることは何でしょうか？
1つめは、「朝は忙しくとてもじゃないけど人手が足りない」という介護現場の声です。朝はどうしても、1ユニットに職員1人という人員配置が多いようです。そのとき、入居者がバラバラに起きて対応できるかということですが、むしろバラバラだから対応が可能なのです。排泄でも食事でも、一斉に介助しようと思うと人手がかかります。24Hシートを活用し、先取りケアをしましょう。

2つめは、好きな時間に起きるとなると、一人ひとりの起床のリズムがくるってしまうのではないかという心配です。自分のことを思い出してみてください。起床時間にしても、寝坊をするときもあれば、早起きをすることもあるでしょう。しかし、大きな生活のリズムという範囲内では、それほどの乱れにはなっていないはずです。生活のリズムは自然と生まれてくるものですから、特に心配はいりません。

ただし、入居後間もないケースは、そうはいきません。その場合は、あせらず、静かに見守りましょう。だいたい1～6か月で落ち着いてくるはずです。

079

Q 一人ひとりの起床時間に合わせた介助はどうしたらできますか?

A 入居者一人ひとりの暮らしぶりを知ることが第1歩です。暮らし方のデータを取ること(24Hシート)から始めましょう。

解説 そのデータをもとに、入居者が何時に目覚めるか、目が覚めてすぐ起きたいか、少しベッドでゴロゴロしたいかなどの情報をきちんと把握しましょう。ユニット全員の状況がわかると、何から始めたらいいかが見えてきます。一律一斉の介助はできないことがわかるでしょう。

080

Q 遅くまで起きてこない入居者に対しては、どのように対応すればよいでしょうか?

A 起きてこない原因をさぐりましょう。入居者にとっての起床時間の範囲内であれば、無理に起こすことはありません。

解説 入居者一人ひとりの暮らし方のデータ(24Hシート)を取っていれば、起床時間もだいたい把握できます。基本的には、前日の活動状況や前夜の就寝時間に見合っており、なおかつ体調の変化がなければ遅くまで寝ていても問題ありません。つまり、①前日の活動状況、②前夜の就寝時間、③体調の変化は、いつもより遅い起床時間にある入居者に対してのチェック項目といえます。

081

Q 夜勤者は早番に迷惑をかけたくないため、全員を起こしてしまいますが、これを防ぐにはどうしたらよいでしょうか？

A 次の①・②のように決まりをつくることで防ぐことができます。

解説 例えば、①夜勤体制を8時間夜勤にし、朝の7時には夜勤者の勤務が終えるようにし、早番から起床介助をする体制にする。②夜勤体制が変えられない場合は、「7時までは起こさない」というような約束事を全員で共有する方法があります。

起こさないようにしようと会議などで話し合いをしても、他の職員に迷惑をかけるという遠慮がどうしても生じます。決まりごとをつくり、皆でそれに向けた体制を組むとよいでしょう。

起床

自然な目覚めから始まるユニットケア

賛否両論のなか「入居者を7時までは起こさない」という試みを始めた施設の話です。実践し、たどり着いた結論は「睡眠と覚醒のメリハリがあれば、逆に時間が生まれ、ゆったりとしたリズムで1日の暮らしが始まる」ということでした。目覚めから始まる起床のケアは取り組みやすく、費用も掛からないうえに、その効果は大きいです。入居者・家族・職員に笑顔が生まれます。

着替え・身だしなみ

082
Q 着替えは、しないといけませんか？

A 着替えは、清潔保持とTPOに合わせるためにします。状況に合わせて考えましょう。

解説 汚れた服装では本人だけでなく、他の人も不快になります。また、不潔であれば、細菌感染などの影響が出てきます。着替えの回数は、汚れ具合によりますが、人によりその価値観は違います。特に高齢者の場合は視力の低下もあり、気がつかない場合が多いので、職員がきちんと管理することが大事です。

083
Q 着替えの服装はどう選んだらよいでしょうか？

A 24Hシートの「意向・好み」の欄にあらかじめ好みを書いておきましょう。

解説 意向を知っていたとしても、介助を要するときは、入居者に服装はどれがよいかを、そのたびに伺うことを基本としましょう。その日の天候や気分、状況により好みは変わるものです。

084
Q 朝の着替えは、起床後すぐに行った方がよいでしょうか？

A 入居者一人ひとりの生活スタイルに合わせましょう。着替える時間は入居者の自由です。

解説 「では、着替えはいつ、誰が行うの？」と疑問に思う人がいるかもしれません。職員が行うケアは、入居者の1日の生活を支えるものであるはずです。そのために、1日を切れ間なく、職員の誰かがサポートをできる体制を施設はとることになります。

とすれば、着替えについても、誰かが、その時々に行えばよいのです。すべての入居者が一斉に、「私たち、着替えたい」と訴えることはまずないでしょう。だからこそ、職員が1人のときでも、着替えの手伝いは可能なのです。

ところで読者のみなさんは、家庭で朝ごはんを食べるとき、着替えますか、それともパジャマのままですか？

085
Q リビングにはパジャマのままで出てもよいでしょうか？

A リビングはセミプライベート・スペースです。よってパジャマのままでいいのです。

解説 建物の理論を思いだしてください（56頁参照）。ただし、家とは違うのは、ユニットに住んでいる人は他人同士であり、好みや価値観の違う人がいることです。パジャマでリビングに出てくるのはけしからんという人もいるでしょう。そのときは、パジャマの上にカーディガンを羽織るなどの対応をしましょう。また、テーブルの分散配置で目につかないところに座ってもらうのもよいでしょう。

086
Q 夜間は寝間着に着替えさせるべきでしょうか？

A 入居者にとって安眠をもたらす服装がベストです。「何のために」着替えるのか、しっかり考えましょう。

解説 寝間着はパジャマであったり、Tシャツであったり、浴衣であったりとさまざまでしょう。ゆったり眠れる服装に着替えることが大切です。

087

Q 今まで、家では昼も夜も同じ服装だったという人には、どう対応したらよいでしょうか？

A そのままにほっておいてはいけません。清潔保持と安眠が保てるようにかかわりましょう。

解説 ユニットケアの目指すことは"暮らしの継続"ですが、すべて家と同じでよいとは言い切れません。家と施設では建物構造が違いますので、温度や湿度が違います。それにより汗をかき、洋服の汚れることが早い場合もあります。着替えの目的は清潔保持と安眠ですので、これが保てるように、専門職としてかかわるのが基本です。そのままほっておくのではなく、「遠巻きに管理する」視点が求められます。

食事の場面

088
ユニットケアではどんな食事の風景がみられるか、教えてください。

食事は、「おいしい」・「楽しい」がキーワードです。食事には「材料の調達」「調理」「盛り付け」「食べる」「片付け」の工程があります。

解説　「おいしく」「楽しく」食べるためには、「こうしなければならない」という決まりはありません。食事は地域性が大事です。次の①〜⑤の工程を踏まえて、それぞれの施設で考えてみてください。

①材料の調達

「おいしい」=「素材がいい」ということは誰でも知っていることです。地産地消や地域の特産も踏まえて材料の吟味は、栄養士の役割ですが、経費とのバランスで苦慮していると思います。ここは腕の見せ所かもしれません。

②調理

「おいしい」→「誰が作ったらおいしいか、その誰がどこでつくれるか」です。ユニットでつくらないといけないと思うよりも、このキーワードが優先です。最近の施設の多数は、ご飯はユニット炊飯で、おかずは厨房もしくは外食産業が多いようです。上記キーワードで、「おいしい」を追求していくと、その調理方法はどんどん変化していくでしょう。

③盛りつけ

入居者に合わせ、ユニットで盛りつけます。厨房からは大皿盛りで料理が運ばれます。個々のアレルギーや好み・量は24Hシー

トに記載し、共有できるようにしておきます。また、ご飯や汁、お茶は自分の食器に盛りつけます。しかし、その日のコンディションで食べたい物は変化しますので、その時々の確認は必要です。

④食べる

　朝食は起きた順で、昼・夕食は体内時計も作用していますので時間帯はほとんど一緒になると思います。場所はリビングが多く、テーブルの分散配置（3〜4カ所）で好きな所でそれぞれ「楽しく」食べてもらいます。職員の食事は、「入居者の家に8時間お邪魔をしている」立場ですので、その時間内であれば、一緒にするのが自然です。しかし、業務的になってしまい、「楽しく」という視点で食べられないのであれば、無理はしなくていいでしょう。

⑤片付け

　個人とユニットの食器は、ユニットで洗います。食器洗浄機があれば、衛生と効率が図れます。大皿は、厨房に返しそこで洗います。入居者にお手伝いをしてもらわないといけないではなく、必要であれば程度に考えればいいでしょう。

ユニットでの食事風景

089

Q 起床時間が一人ひとり違うのですが、朝食は一緒でなければならないのでしょうか？

A 起床時間がバラバラなのであれば、当然朝食も、起きた方から順番に、その人のペースでとってもらいましょう。

解説 食事を安全においしく食べてもらうには、「覚醒」していることが基本です。起きてすぐ食事のできる人は少なく、身体状況が重度化してくると起床時間はだんだん遅くなってきます。朝食時間を一律にすることは、身体的視点に立っても不自然なことです。

また、「食事はみんなで一緒に食べるもの」という気持ちはわからなくもありませんが、家族ではなく、他人同士でそれも何らかの疾患を抱えた人たちであることを踏まえて対応していきましょう。いずれにしても朝食は1日の始まりですから、ゆっくりと心地よく、その人のペースで食べてもらうことが大切です。

090

Q 朝食は8時に厨房から届きますが、先に食べたい人はどうしたらよいでしょうか？

A どうしても8時前の方がいいか、きちんとアセスメントしましょう。

解説 アセスメントの結果、必要であれば厨房と相談し、その対応をしましょう。厨房で対応ができないときは、ユニットでの対応もしくは個人で用意することを検討しましょう。新調理法の導入で、朝食が前日に届くシステムもありますので、参考にしましょう。

早起きで朝食まで待てないという人には、小腹を満たすために常備食（Q91参照）を用意しておきましょう。

091

Q 常備食には何を用意したらよいでしょうか？

A パン、麺類、菓子類、レトルト食品、ご飯（冷凍もしくはレトルト）などを用意しましょう。

解説 常備食はユニットに置いておき、その費用は施設持ち（食費に含まれる場合もある）か、ユニット費となることが多いです。食品は入居者全員の共有物ですが、個人で常時置いておきたいという人は、個人負担で用意しておきます。常備食は、寝坊をして朝食に間に合わないときや小腹がすいたときに使います。

092

Q 朝食後の薬があるのですが、朝遅く起きる人にはどうしたらよいでしょうか？

A 起床が「時々遅くなる」「常時遅い」場合は、データをとり、きちんとアセスメントしましょう。アセスメント結果と疾患との兼ね合いから医療職に判断を仰ぎます。「初めて遅くなった」場合は、医療職に相談しましょう。

解説 服薬の対応は、①起こしてでも飲んでもらう、②時間をずらして飲んでもらう、③抜いてよいなど、疾患や病状によりさまざまです。それを24Hシートに記し、対応できるようにしましょう。薬の指示が出ているから、何が何でも起こすという対応はせずに、入居者の状態をきちんと伝えたうえで指示をもらいます。

093 ユニットで調理をした方がよいでしょうか？

「おいしく」つくれる人は誰で、どこで調理できるか、最も効果的な方法で調理しましょう。

解説 調理でいちばん大切にしなければいけないポイントは何か？ それは、「おいしくつくる」ことではないでしょうか。そのためには、誰がおいしく料理をつくることができるか考える必要があります。

"生活を共にする"という視点、つまり目の前で調理するところを見ると食欲はわきますが、職員が一律に調理上手かというと必ずしもそうではありません。食事づくりをすべてユニットでしなくてはならないと考えることは不自然です。A施設では朝食だけはユニットで介護職が調理、B施設では週1回調理師がユニットまで来て調理するなど対応はさまざまです。

ユニットで炊飯しよう

ユニットケアの目指すことは"施設＝暮らしの継続"であり、食事は「おいしく」「楽しく」です。ご飯をおいしく楽しく、家のように食べるにはどうしたらいいでしょうか？ 近年の炊飯器の進化は素晴らしく、誰でもおいしくご飯を炊くことができます。よって、ユニットで炊き立てを食べるのが一番だと思います。

094

Q 各ユニットで調理を行うと、衛生面に不安があります。

A 運営基準や関係通知に従った管理をします。「家庭でできる食中毒予防の6つのポイント」を参考に衛生上のポイントを押さえれば問題ないでしょう。

解説 特別養護老人ホームにおける衛生管理については、運営基準[*1]に包括的な規定が設けられています。また、特に高齢者の場合、食中毒などの感染症にかかりやすく、集団発生といった事例も懸念されることから、これまでも関係通知[*2]によって、その予防の徹底を図ってきました。

なかでも平成15年3月31日には、厚生労働省老健局計画課長名で、「特別養護老人ホーム等における入居者の調理行為等について（疑義回答）」と題した通知が出されており、そのなかでは、次のような内容が示されています。

> 当該施設において、運営基準及び関係通知に従った衛生管理上の措置が講じられていれば、入居者が調理室以外の場所で簡単な調理（米を研ぐ、野菜の皮をむく等）、盛りつけ、配膳、後片付け（食器洗い等）などを行うこと自体には、食品衛生上の規制に照らして問題があるわけではない。

また同時に、この通知では、「家庭でできる食中毒予防の6つのポイント」も添付されています。具体的には、①食品の購入、②家庭での保存、③下準備、④調理、⑤食事、⑥残った食品、という6つのポイントが示されていますので、ぜひ参考にしてください。

---

*1 運営基準とは
○特別養護老人ホームの設備及び運営に関する基準 （平成11年厚生省令第46号）

＊2　関係通知とは

○社会福祉施設における適切な保健衛生状態の確保について　（通知）（平成2年11月2日老福第214号、健医精発第52号、社施第151号、児企第56号）
○社会福祉施設における食中毒事故発生防止の徹底について　（平成8年6月18日社援施第97号）
○腸管出血性大腸菌感染症の指定伝染病への指定等に伴う社会福祉施設における対応について　（平成8年8月7日社援施第122号）
○社会福祉施設における衛生管理について　（平成9年3月31日社援施第65号）
○社会福祉施設における衛生管理の自主点検の実施について　（平成9年8月8日社援施第117号）
○社会福祉施設等における食中毒予防及び衛生管理の徹底について　（平成13年8月7日社援基発第27号）

ユニットケアで「私の家」に

　ユニットケア実地研修の振返りでの受講者の話です。入居者に「ご自宅はどちらですか？」と尋ねたところ、その入居者は車いすの向きを180度反転させ、自身の居室を指して、「そこが私の家です」「ここにきて本当によかった」といわれたそうです。これは、素直に嬉しいと思える言葉です。ユニットケアを実践してきたからこそ、聞くことができた言葉に違いありません。

095 各ユニットで調理を行うと、包丁の扱いや管理に不安があります。

「誰の」「どんな時に」不安があるのかをアセスメントで明確にしたうえで対応しましょう。

解説 どの家庭でもキッチンにまな板や包丁がある光景は自然です。小さな子どもがいて、いたずらをする可能性がある場合には、見えないところや手の届かない場所に包丁を置くことでしょう。こうした考え方は、ユニットにおいても同様です。「誰の」「どんな時」に課題があるのかを見定めて、その人の動向に注意を払いましょう。そのアセスメント（24Hシート）ができてこそ、個別ケアの実践といえるでしょう。

もし、行動障害などがあり、危険だと思ったならば、包丁を引き出しの中にしまっておくなどの危険を回避する工夫をしてはどうでしょうか。

家にあるキッチンと同じ風景がそこにある

096
Q ユニット炊飯で、ご飯の硬さが全員に合わないときはどうしたらよいでしょうか？

A こだわりのある入居者には個別対応を検討しましょう。

解説 どちらかというと、希望の多い「少しやわらかめ」に炊飯することが多いと思います。しかし、どうしても硬さにこだわりのある入居者には、1人用の炊飯器を用意してもらい、個別対応してもよいと思います。それは、米の銘柄にこだわりがある場合も同様です。施設の食事以外食べてはいけないということはありませんし、こだわりのあることはいいことです。個別対応を基本としましょう。

温冷配膳車を考える

温冷配膳車は調理人の視点から必要性があったものです。「あつあつの料理はそのままあつあつで食べてほしい」「冷たくした料理は冷たいままで食べてほしい」料理をおいしく食べるには、料理の特性を活かすのが一番であり、それは調理人のプロ意識でもあります。しかし、食べる人に視点を移すと、「猫舌なのでもう少し冷ましてから」「冷たいものが苦手」という人もいます。現在は「食べる人視点」の考え方になっているということです。

097 温冷配膳車がいらないと聞きましたが……？

適温による食事の提供についての基準は、平成12年の法令改正により削除されました。

解説 通知「指定居宅サービスに要する費用の額の算定に関する基準（短期入所サービス及び特定施設入居者生活介護に係る部分）及び指定施設サービス等に要する費用の額の算定に関する基準の制定に伴う実施上の留意事項について」（平成12年3月8日老企第40号）により、適時適温の設備基準に関する項目が削除され、温冷配膳車は必要なくなりました。

考え方としては、食事の温度の好みは人それぞれなので、適宜対応するということです。ユニットのキッチンには、温め用として電子レンジや電磁調理器・トースターなどがあり、冷やす用に冷蔵庫があります。また、ご飯はユニット炊飯ですので、炊き立ての熱いものが食べられますし、おかずは厨房から出来立てが運ばれますので、冷え切った食卓にはならないでしょう。

098

Q 茶碗や食器など、個人のものはどの程度まで取り入れたらよいのでしょうか？

A 箸、茶碗、湯飲み、マグカップなどがよいでしょう。

解説 まず食器類は、一般の家庭で使われているものの方が、当たり前の暮らしに近づけることは間違いありません。そのなかで、「家であれば、自分専用のものは何だろう？」と考えればよいと思います。箸、茶碗、湯飲み、マグカップ……。家庭により違いはあるでしょうから、その範囲でよいと思います。

使い慣れた食器で食事ができれば、"暮らしの継続"にもつながりますし、何よりも本人に適した分量をよそうことができ、食べ過ぎや食べ残しにも配慮することができると考えられます。

Q099 陶磁器の食器を使っても危険はありませんか？

食器を手で洗う場合でも、また、食器洗浄器で洗う場合でも、食器が割れる可能性はかなり少ないと思います。

解説 厨房でひとまとめにして大型食器洗浄器を使って洗うような場合は、手洗いの場合と比較して、破損する可能性は高いかもしれませんが、ふだん、家庭ではどのくらいの割合で食器が壊れるでしょうか？ 頻繁に割れることはないと思います。個人持ちの食器はユニットで洗うので家庭と同様に考えてよいと思います。

入居者持ち込みの食器が割れたとき、どうするか？

このような質問をよく受けます。入居者が使っている食器を割るというケースは、入居者本人が割ることは稀で、だいたいは職員が割ってしまうことが多いと思います。そのときの対応としては、①まず本人や家族にどうするか相談する、②施設の職員が割ったので施設で弁償する、③割った職員個人が弁償することが行われているようです。

対応はさまざまですが、①の対応がいちばん多いようです。持ち込み食器にしてもらうときは、事前にここまでの説明が必要です。

100 配膳の時間がリビングごとに異なってもよいのでしょうか？

問題ありません。食事の時間は、どこでも一斉に始まるわけではありません。支度が早くできたところは早く食べられるでしょうし、食事前に話が盛り上がったときなどは、遅くなることもあります。

解説 職員のなかには「何時までに食事を終わらせなければいけない」といった業務的な感覚がありますが、そうした感覚は職員の視点に立ったものであり、入居者本位というユニットケアの理念とは反するものといえるでしょう。

　食事の三大要素は、「つくる」「盛りつける」「おいしく食べる」であると考えます。このうちの「盛りつける」に関連する配膳が、職員の都合で行われたのでは、まさに本末転倒となってしまうわけです。炊飯器のスイッチを入れ忘れたので、みんなでご飯が炊けるのを待つ。そんなことも、日常にある風景として、あってもよいかもしれません。

Q101 食事を取り分けるとき、一人ひとりの量がバラバラになっても構いませんか？

構いません。一人ひとりの食事量をアセスメントし、24Hシート記載します。それに沿って取り分けることが基本です。

解説 ただ、24Hシートの記載の通りでも「今日はおやつをたくさん食べてお腹がいっぱいだから、おかずを少なく」ということもありますから、その時の状態に合わせることが大事です。

また、高齢者の場合、自分で食べられないと思ったときに、わざと箸をつけないことがあります。これは、「食べられなくて残したときに、捨てるのはもったいない」と思っているからです。そうした気持ちを大事にするためにも、その人が食べたい量を取り分けるようにしましょう。

樹脂製食器の割合を考える

読者の皆さんの施設では、樹脂製食器の割合はどのくらいありますか？
「①10％以下、②50％以下、③ほとんどが樹脂性食器」

食事がおいしそうに見える食器は何でしょうか。レストランではどんな食器を使うでしょうか。それを考えると、樹脂製食器を「①10％以下」に抑えましょう。

102 盛りつけはどのように行えばよいでしょうか？

 自宅で家族揃って食事をする場面を考えてみましょう。

解説 家庭では、ご飯を茶碗によそうとき、「ふつう」とか「半分」とか、「いつもと同じ」「今日は大盛りで」など、どの位の量を盛りつけるかを口にしてはいないでしょうか。つまり、盛りつける人が食べる人のすぐ近くで、おなかの減り具合などを気にしながらよそうことが多いと思います。それが基本です。

ユニットで食事を盛りつけるとき、業務的にこなしているようなことはありませんか？　せっかくユニットにいるにもかかわらず、入居者から見えないところで盛りつけたり、入居者を気にせず機械的によそったりしたのでは、何の意味もありません。入居者がいるところで話をしながら配膳するところに意味があるのです。盛りつけ終わった人から順に食べていただいても一向に差し支えはないでしょう。

Q 103 ランチョンマットは使用した方がよいでしょうか？

その地域の文化と入居者の好みに合わせましょう。入居者の慣れ親しんだスタイルが一番です。

解説 新しいこと好きな高齢者もいれば、一昔前だとお盆を使った暮らしに慣れている入居者が多かったと思います。そうはいっても、白内障など色彩感覚に変化がある場合は、ランチョンマットの使用で食器や食品が見やすくなる工夫をしましょう。

ランチョンマットがあると食事が識別しやすくなる

104 Q ご飯の量を毎回はかりにかけないといけないでしょうか？

A ほとんどの入居者には、毎回計測する必要はありません。

解説　病院は「治療してリズムを整える場」ですが、施設は「治療後に暮らしをする場」です。そのため、施設では毎回食事量を計らなくてはいけない人は、ほとんどいないと思います。入居者の食事量は、職員によりアセスメントされており、24Hシートにも記載されます。食事量がわかりづらければ、食器の大きさを替えてみることや一度見本を示すことで量がわかりやすくなるでしょう。

105 Q ある入居者が盛りつけた食事は食べたくない、という入居者がいるときは、どうしたらよいでしょうか？

A その入居者の分だけは、職員など他の人が盛り付けましょう。

解説　食べ物の衛生感や盛りつけの習慣は人により違います。人それぞれの価値観を大切にしましょう。その入居者の分だけを代えれば何ら問題はありません。

Q 106 食事は、1日3回食卓に向かうことが基本でしょうか？

その人の状態に合わせて変わります。これから入居者の身体状況の重度化が進むにしたがい、1日3食ではなく、5食など量は少なくとも回数を増やしていくことになります。

解説 この対応も私たちの専門性を発揮するところではないでしょうか。これまでの施設における食事は、「摂食」といわれるように、とにかく食べてもらい、栄養を摂ることに意義を見いだすということが多く見受けられました。しかし、食事は「おいしく・楽しく」いただくものです。その人の生活スタイルと体調に沿いながら、少しでも食欲の進む方法を考えましょう。

ある施設の例ですが、2日寝て、2日起きている人がいました。その人の食事のペースはどうかといえば、いうまでもないと思います。また、入居者のなかには、80年間、1日2食で暮らしてきたという人もいるのです。ただし、それまでの生活習慣だからといって漫然と受け入れるのではなく、表面的にはこれまでと同じような暮らしを送ってもらいつつ、その背景ではプロとして栄養士などとも相談のうえ、その人の体調やさまざまな変化（顔色や体重の変化など）を見落とすことのないようにしていくことが大切です。

107 厨房で調理した食事は2時間が過ぎたら、処分しないといけないのでしょうか？

食品衛生に関する法令を守り、衛生・管理の観点から処分しましょう。

解説 大量調理衛生管理マニュアルにおいて、「調理後の食品は、調理終了後から2時間以内に喫食することが望ましい」とされています。朝起きるのが遅く、2時間を過ぎてしまう人には、個別に対応を決めておきましょう。（Q94参照）

例えば「常時遅い人」「時々遅い人」は、遅くなることがある程度わかっているので、厨房と相談し、遅く食事を出すようにします。「突然遅くなった人」には、ユニットの常備食を活用できます。（Q91参照）

ユニットを"家"と意識できる環境づくり

ユニットは入居者の"家"だとわかっていても、挨拶もせずユニットに入ったり、食事中にバタバタ動き回ったりと、研修をしてもなかなか改善できないことがあります。ある日を境に、「お邪魔します〜」「こんにちは〜」と声をかけてユニットに入る職員の姿が……。その変化の理由は、玄関に、下駄箱やスリッパ、玄関マットが入り、一般的家庭のようになったからでした。

108 入居者一人ひとりに食事用エプロンを用意した方がよいのでしょうか？

必要な人、または付けたい人がエプロンをすればよいです。

解説 食事用のエプロンが必要な人は、①自分で食べるが、食べ物をこぼしてしまい、衣服が汚れ、食事が不快になる。また、汚れた服を毎回食後に着替えるのが大変な人、②習慣や心配だからする人です。では、食事を介助されている人は、どうでしょうか。口からこぼれた時の対応としてハンカチ程度のものがあれば、職員のそそうがない限り大丈夫でしょう。

現在、エプロンといっても、上半身を覆うものばかりではなく、必要な部分、例えば胸だけにかけるものや、膝の上にかけるタイプなど、さまざまな工夫がなされています。ただし、ここで気をつけなくてはならないことがあります。それは、「今までのエプロンは施設っぽいから」と、入居者のニーズや状態を考えないで使用を一切禁止してしまうことです。エプロンを付けた方が安心して食事ができるという入居者の声や、やはり使用した方がよいと思われるときなどは、その優先度を考えましょう。

109 Q 残食量の計測はどうすればよいでしょうか？

A 入居者一人ひとりの食事摂取量を基準値として、残した割合を見ましょう。

解説 食事は入居者一人ひとりに合わせた盛りつけをします。そのため基準となる食事量は一人ひとり異なります。図表26はその一例です。

図表26 食事量と残食量の例

食事量		A氏	B氏
1月10日	摂食量	おかゆ・茶碗1膳	バターロール2個
	残食量	0割	0割
1月11日	摂食量	おかゆ・茶碗半膳	バターロール1個
	残食量	5割	5割
1月12日	摂食量	おかゆ・茶碗7割盛り	バターロール2個
	残食量	3割	0割

110
好きなものを食べるのはよいのですが、カロリーや栄養面で偏りは出ませんか？

表面的には好きなものを食べてもらいながら、専門的な視点で管理していきましょう。

解説 たとえ、理論値通りの食事を提供しても、吸収量は人によって異なり、理論値通りにはいきません。高齢になって食が細くなってきたような人に対しては、少しでもおいしく食べてもらうことや好きなものを食べてもらうといった配慮が必要になってきます。

もちろん、いくら好きなものとはいえ限度がありますので、栄養の偏りがあるかどうかについては、医療職や栄養士の判断をあおぎ、チームで取り組むことが大切です。

カロリーや摂取量などの数値だけをみるのではなく、その人の体調や身体的変化、活動状況などにも目を向けましょう。

Q111 ソフト食やムース食とはどのようなものですか？

ソフト食は、咀嚼が弱い人を対象としていて、形があって見た目もよく、やわらかく咀嚼しやすくしたものです。ムース食は、水分にむせ込みやすい人を対象としていて、ミキサーに少し形づけたものです。

解説

①常食
- ご飯
- 和風ハンバーグ
- じゃがいも炒め煮
- 漬物
- かきたま汁

②ミキサー食
- 咀嚼できずに飲み込んでしまう人を対象としていて、食材を1品ずつミキサーにかけ、嚥下補助食品などで少しとろみをつけて形づけしたもの。

③ムース食
- おもに既製品などを盛りつけることが多い（既製品はカルシウム、ビタミンが多く含まれ、カロリーが高い）。

④ソフト食
- じゃがいも、豆腐などやわらかくできる素材を選び、煮込むなどの工夫をしてやわらかくして提供する。
- 肉はひき肉を形づけるために、山芋や上新粉、絹ごし豆腐を混ぜてまとめ、きざまずに提供している。

出典：佐々木清子「食事形態の工夫で生活を豊かに」『おはよう21』第18巻第2号、53頁、2007年。

Q112 食事する場所はどのように用意すればよいでしょうか？

テーブルを3、4卓ほど分散配置して、入居者には好きなところに座ってもらいましょう。

解説 入居者にとって楽しく食事ができる環境をつくりこむことが大切です。施設には、ひとり暮らしが長かった人や、他者とのコミュニケーションを得意としない人などもいます。にもかかわらず、全員が一斉に、テーブルにつかなければならないものなのでしょうか？

ユニットとは、70年、80年といった長い年数を、自分なりの生活の仕方で過ごしてきた人たちの集まりともいえます。そして、ほとんどの人が初対面です。そのような関係性のなかで、全員が一緒というのは、やはり無理のあることではないでしょうか。

3卓に分散して配置したテーブル

113 Q 職員は入居者と一緒に食事をした方がよいのでしょうか？

職員が食事を一緒にすることは、当然のことと思います。しかし、業務的に食事をすると、「楽しい食事の風景」にはならないので、しない方がよいでしょう。

解説 施設は入居者の"家"です。職員はそこに8時間お邪魔をしているのです。ちょうど食事の時間にお邪魔しているのであれば、食事を一緒にするのは当然でしょう。しかし、入居者と一緒だと、食べた気がしないという職員が多いようです。その背景としては、「ホッとする時間がほしい」という職員の思いがあるようです。そうであるならば、休憩時間をきちんと確保できるようにシフトを考えればよいでしょう。

114 Q 職員が入居者と一緒に食事をするときは、入居者と同じ食事でないといけないでしょうか？

職員の自由でよいですが、同じものを食べていると入居者と会話も弾むことでしょう。

解説 施設によっては、職員の給食制度がない場合もあり、食べるものは職員の自由でよいと思います。職員の食べているものに入居者が興味をもち、食べたいと言って交換することがあれば、入居者の楽しみにもなります。

Q115 食事の介助者が多くなったときは、どのように対応したらよいでしょうか？

24Hシートの一覧表で、そのニーズをはっきり確認して対応を考えましょう。

解説 まずはデータを取り、客観的にその事実を見つめ直し、対策を練ることです。「介助者が多くなる→人材を投下する」ことができないのが現実です。考えられる対応方法に、①優先順位をつけ、時間差対応する、②特に嚥下に課題のある人などは医療職の手を借りる、③人手が必要となる時間は24Hシートの一覧表で明確になるので、その時間だけ他職種の援助をお願いするなどがあります。

アルコールは飲んでもよい？

ユニットケアが制度化され、運営が始まった2003（平成15）年当初は、施設内での飲酒をOKとしている施設は1割前後でした。現在では、禁止している施設が1〜2割と逆転しています。飲酒OKになった要因は入居者の尊厳と食に関する理解が進んだからです。また、ノンアルコール飲料の種類が増えたことも、理解が進んだ要因の1つになっていると思います。

116 Q 経管栄養の入居者はどこで食事をすればよいでしょうか？

A 本人（家族）の希望を伺い、それに沿いましょう。

解説 経管栄養の人は、自らの意思表示やコミュニケーションを図ることが困難な場合が多いですが、だからといって、職員が勝手に判断し、対応することがあってはなりません。その人が何を望んでいるのか、何を欲しているのかわからないときには、家族から意向を伺ったり、本人の些細な表情も見逃さないように心掛け、判断するようにします。これは、職員として見落としてはならない大切な視点です。

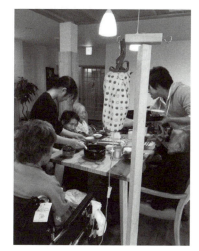
経管栄養の人でも、リビングに自然にいることが多いです。

117
Q 下膳時間を過ぎても、まだ食べている入居者がいるのですが……

A 厨房職員の決めた下膳時間は守りつつ、ユニットにおいてケースバイケースで対応ができるようにしましょう。

解説 対応策の例として、①すべての食器類を一度に下げず、大皿は下膳時間通りに必ず下げるようにする。小物の茶碗は翌朝まででよいかわりに、ユニットで下洗いだけはしておくという約束を厨房とする。②厨房でつくられたおかずをユニットの皿にあけてから、元の皿はすぐに厨房に戻す、という方法があります。

厨房の職員にも働く環境条件がありますから、そのことも念頭に入れてよい解決策を共にみつけるようにしましょう。

Q 118 食事の後片づけを入居者にどこまでお手伝いをしてもらったらよいでしょうか？

「できるのであれば、してもらう」というスタンスで十分です。

解説 ユニットケアのそもそもの目的は、入居者が主体的に暮らすことのできる場をつくることであって、入居者に役割分担をもってもらうこと自体が目的ではありません。食事の後片づけ1つにしても、誰がやったかではなく、そこで普通の生活が営まれているかどうかが大事なのです。

これから入居者の身体状況が重度化していく傾向にあるなかで、無理に何かの役割を担ってもらう必要はありません。

119 Q 選択食には、どのように対応すればよいでしょうか？

選択食は、いわば非日常的な食事なので、いつものリビングではなく、街の飲食店、また、リビングを超えて仲間が集まるセミパブリック・スペースで行うとよいでしょう。

 選択食は、施設においては行事食や誕生日などのパーティー形式にみられるものです。

いつものリビングではなく、リビングを超えて仲間が集まるセミパブリック・スペースといったところが多いでしょう。また、施設の中では難しい場合は、外に出かけて外食をすることも考えられます。そこでは、いつもの仲間とは違う人々との出会いがあります。加えて、食器や食事形態も違うため、いつもとは異なる味と雰囲気が味わえます。

施設内で行う選択食も、主食を2種類のものから選ぶというものではなく、巷でみられるような本格的なバイキング形式にすれば、それは楽しく、食欲の出るものになること請け合いでしょう。

120 外食をしたり、出前をとってもよいのですか？

外食も出前も、私たちの食生活と同様と考えてよいでしょう。

解説 基本は入居者の食べたいものに対応することです。外での食事や出前は、日常の食事との違いを楽しむものです。あの店のあの味が食べたいと思うことはむしろ健全なことです。

外食や出前をとる際の手順を考えておきましょう。まずはお金です。これは入居者負担です。付き添いはケアプランで考えましょう。職員だけでなく、家族と一緒にと思っている入居者もいます。また、外食するかどうかは人それぞれですので、入居者一人ひとりの意向に沿うことが大事です。ただし、事情があって意向を示せない入居者への配慮はお忘れなく。

ざるそばとうな重を注文するとき

出前をとったときに、「600円のざるそば」という人と「2500円のうな重」という人がいました。読者の皆さんは不平等に思いますか？「平等という名のもとの不平等」という言葉があります。注文を同じにすることが平等なのではなく、それぞれ食べたいものが注文できることが平等なのです。

121 持ち込みの食品にはどう対応したらよいでしょうか？

持ち込みしたときは職員に声を掛けてもらうようにルールを決めましょう。

解説 家族は本人のために、好物やおいしいものを食べさせたいと思って差し入れをするわけですから、施設側がどうこういう問題ではありません。ひとり暮らしの子どもに親が必需品を送ったり、持参したりするのとまったく同じことです。しかし、職員として心配になる気持ちも分かります。例えば、「何をどのくらい食べたのかわからなくなる」「家族からの差し入れがない人もいるのだから、不公平で可哀想」などがあります。

持ち込むときは必ず職員に声を掛けてもらうことが基本になります。場合によっては、「生鮮食品は本人だけとし、他の入居者には渡さない」「季節によって持ち込める食品を制限する」などの対応をしましょう。

何をどのくらい食べたか知りたい場合は、当然、その旨を家族にも話しておく必要があります。家族もきっと協力してくれるでしょう。

そのためには、日々の生活の様子を、情報としてきちんと家族に伝えておく必要があります。そうした情報をもとに、差し入れの内容や頻度を判断してもらうのです。いずれにしても、最終的に決めるのは本人や家族です。

ユニットケアのような少人数の介護であると、持ち込む人は多くありませんので心配することはないと思います。

122 居室にある入居者の食品は、どこまで管理すればよいでしょうか？

管理の方法としては、自己管理、家族管理、職員管理という3つの方法がありますが、最終的には職員管理になります。

解説 本人もしくは家族に管理を任せたとしても、職員は決して任せっ放しにするのではなく、いわば遠巻きに見守る必要があります。対応で悩むのは、「捨てるのはもったいない」という入居者です。傷んだものをそのままにしておくわけにはいきません。

療養食の割合

　日本ユニットケア推進センターの栄養士研修でみられる傾向ですが、療養食の割合を受講者に質問すると、0～1割強であることがほとんどです。「病気＝療養食」という発想ではなく、きちんと本人の状況を把握し、医療情報に沿った対応を心掛けましょう。

Q123 冷蔵庫の管理は、誰が行えばよいでしょうか？

A 管理の最終的な責任は職員にあります。

解説 冷蔵庫は、リビングに置いてあるものと、各居室に入居者個人のものとして置いてあるものの2種類があります。リビングにあるものは、当然、職員の管理になりますので、どう管理していくかはユニットごとにルールを決めておく必要があります。いつの食品かわからなくならないように日付けを入れる、定期的に掃除や処分をすることなども、ルールにしておくとスムーズに管理ができます。

　個人の冷蔵庫については入居者、または家族と相談をして決めましょう。ただし、入居者や家族の管理になったとしても、任せっきりにするのではなく、「状況把握」だけはすべきです。

124 医師から療養食の指示が出ている入居者の対応はどうしたらよいでしょうか？

まず、医師からどのような指示が出ているかをチームで共有し、入居者が自己判断できるかどうかで対応を決めます。

解説 自己判断ができる人は、療養食の指示が出ていることを理解しているわけですから、その旨をきちんと伝えて、一緒に取り組む姿勢を大事にしましょう。また、自己判断が難しい人の場合には、本人および家族と相談して、具体的な対応方法を決めておく必要があります。その際も、職員の側が医師からの指示に基づいて一方的に決めてはいけません。治療方針は緩やかなものであっても、家族はどうしてもきっちりしてほしいという場合があるのです。

例えば、療養食にもかかわらず食事の合間にケーキを食べてしまう人への対応としては、食事量を調整するといった観点から、①1日3回の食事のうち、1食分の量を減らして1日あたりの総量を調整する、②1週間を1つの単位として総量を調整し、少しはケーキを食べられるようにする、③本人と話をしながら、ケーキを半分にして、本人と職員で半分ずつ食べる、という方法があります。

口腔ケア

Q 125 自分で歯磨きができる入居者は、その人任せでよいでしょうか？

A 入居者任せではなく、「遠巻きに管理する」姿勢が求められます。

解説 自分で歯磨きができても、要介護者である入居者の場合は、磨き残しやゆすぎが少ないことで、口腔内に残渣が残っていることがあります。自立していることは大変よいことですが、その人任せにはせず、必ず目を配る体制が必要です。常に口腔内の状況を把握しておくことで、その変化に気が付くことができます。

Q 126 口腔ケアをさせてくれない入居者にはどうしたらよいでしょうか？

A 口腔ケアの専門家の知恵を借りたり、対応をお願いしましょう。

解説 歯科衛生士・歯科医師・看護師などの専門家に状況を説明し、対応策を考えてもらいましょう。専門家に任せることでうまくいくことが多いです。その後は対応策を教えてもらい、ユニット職員でも継続して対応できるようにすることが大切です。

Q 127 口腔ケアはどこでしたらよいでしょうか？

A 居室の洗面台を活用しましょう。入居者のペースに合わせ、ゆっくりケアをすることが大切です。

解説 自分の口腔内はあまり人に見せたくないし、自分でも見たくもないものです。介助する職員側に立つと、リビングにある洗面台で、入居者を順番に対応した方が効率的だと思いがちですが、プライバシーを守るためには、居室での介助が望ましいです。

128 Q 洗面台には、何を用意しておいたらよいでしょうか?

口腔ケアや洗顔用の備品を用意しましょう。例えば、歯ブラシ関係、くし、化粧品、タオル類があります。

解説 備品を置くスペースを洗面台につくりましょう。せっかく備品を用意しても入居者が自分でとれる場所にないと用意した意味がありません。下の写真のようになるとよいでしょう。

棚や備品スペースが設置された洗面台

排泄の介助

Q 129
入居者一人ひとりに合わせた排泄介助は、どうすれば可能になるのでしょうか？

A まずは、入居者一人ひとりの排泄パターンをしっかり把握するために、個別データをとるようにします。

解説 データのとり方としては、24時間（もしくは48時間）を1サイクルとし、1日のなかで細かく時間を決め、そのたびごとにきちんと排泄物の量や形状を確認し、その人の排泄パターンを把握していきます。その場合、全入居者を一斉にはできませんから、数人ずつに分けて実施します。ただし、人間の排泄リズムは常に一定ではなく、変化するものですから、その兆しがあるときは速やかに対応するようにしてください。

個別データが揃ったら、医療職と相談し、入居者一人ひとりの排泄状況・時間に合せた排泄用品と介助方法を決めます。

Q130 夜間の排泄介助はどうしたらよいでしょうか？

入居者の快眠が優先です。そのうえで入居者の状態に合わせて排泄用品や介助を考えます。

解説 　誰でも快眠できると、爽快感や充実感があり、よい1日のスタートになると思います。睡眠はとても大事な行為で、疲れを取るだけではなく、睡眠時に分泌される成長ホルモンなどにより身体の調整機能も果たしています。排泄介助で眠りの邪魔をしてしまうのは、何とも忍びないことであり、プロの行為ではありません。夜間ぐっすり眠ってもらうには、入居者一人ひとりのデータに基づき、排泄用品を皮膚の状態などに合わせて対応することが大事です。

　ある施設では、基本的に就寝時の22時前後に排泄介助をした後は、4時前後に目が覚めるまでぐっすり眠ってもらえるように、排泄介助をしないようにしています。入居者一人ひとりの生体リズムに合わせた排泄用品を選び、快眠を目指しているのです。

131 排泄は同性介助がよいでしょうか？

排泄は人知れず済ませたいものです。必ず本人に意向を確認しましょう。その意向を 24H シートに記し、職員間で情報共有しましょう。

解説 入居者は女性が多いですが、職員は男性が増えてきています。ユニット内で対応できない時は、他ユニット職員の力を借りましょう。排泄は見られたくない、自分の尊厳を保ちたい行為です。「自分だったらどうか」その気持ちを忘れないようにしましょう。

排泄用品の削減

　入居者一人ひとりの状態や時間に合わせた排泄用品を揃えると、10 から数十種類になります。在庫管理や発注が大変ではないかと思いますが、ユニットごと（小単位）であれば、少量になりますので問題になりません。むしろ、無駄のない使い方になり、排泄用品代が 3 割程度削減されたという施設も多くあります。逆に、同種の品を大量注文すると、サイズが合わず、失禁が心配だから 2 枚重ねするという無駄な使い方が増え、不必要な経費がかかってしまいます。

132 Q 排泄時に2人以上の介助が必要な入居者に対しては、どう対応すればよいでしょうか?

A 入居者の排泄パターンや状況をアセスメントして、事前に人手を手配するようにしましょう。

解説 排泄の介助といっても、具体的にどの部分に人手が必要になるのかを明らかにする必要があります。トイレまでの移動なのか、便器への移乗なのか、下着等の着脱なのか、排泄後の後始末なのか……。まずは入居者ごとに介助が必要となる部分と排泄パターンを把握するようにします。また、近年は移乗などの抱える行為をしないよう、リフトやスライディングボードなどの福祉用具を活用するようになってきています。これにより、1人の介助で排泄することも可能になるので、活用を検討しましょう。

排泄の介助

Q 133 排泄介助で、入居者のプライバシーを保つにはどうすればよいでしょうか？

排泄は人知れず済ませたいものです。つまり、他人にわからないように介助することが、プライバシーを保つことにつながります。

解説 下記の写真を比較してみてください。写真左は明らかに排泄の後とわかりますが、写真右は何をしていたのかわかりません。最近は、このようにトートバッグを使い、排泄用品の交換をすることが多くなっています。入居者に合わせ随時交換だからこそ、このような対応が可能になります。

カートを使い排泄介助をすることは避けましょう

トートバッグを使って排泄用品を交換すると、プライバシーの保護につながる

入浴の介助

Q 134 ユニットでの入浴はどのようにしたらよいでしょうか？

A ユニットごとにマンツーマンで支援しましょう。

解説 ポイントは下記の①〜⑤の通りです。入浴日は自由に組み立てることができます。

①入浴時間は、入居者の希望に沿う。
②職員体制は、ユニットに入浴介助者とユニットの見守り者の最低2人はおく。
③入浴日は自由（休日や祭日は入浴しない施設と常時している施設がある。週5日を入浴日にできれば、1回当りの入浴人数は少なくなる）。
④マンツーマン入浴法を実施する。
⑤入居者の身体状況の重度化を踏まえ、各浴槽にはリフトを設置し、入居者・職員の安全をはかる。

135 マンツーマン入浴について教えてください。

物理的に1対1の対応ではなく、同じ職員が入浴の一連の介助をすることがマンツーマン入浴です。

解説 図表27と図表28の違いがわかるでしょうか？図表28がマンツーマン入浴になります。裸での介助は信頼関係がないと成り立ちません。介助中に職員が入れ替わると入居者は安心できません。入浴拒否をする認知症の入居者が、特定の職員となら入浴するということがあります。まさに信頼関係の賜物です。

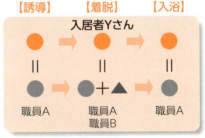

図表27 入居者Yさんへの入浴介助（パターン①）
※それぞれの介助を別々の職員が行う

図表28 入居者Yさんへの入浴介助（パターン②）
※すべての介助を職員Aが行い、着脱のみ職員Bが手伝う

Q136 マンツーマン入浴を安心・安全に行うにはどうしたらよいでしょうか？

A 入居者一人ひとりの入浴に関するデータをとり、それを24Hシートに記し情報共有します。それが安心・安全な入浴につながります。

解説 必要なデータは図表29のとおりです。また、実際のやり方を写真や絵で示している施設もあります。

図表29　個浴への対応例

	入居者データ
浴槽	個浴
麻痺	左半身麻痺
拘縮	無
座位	できる
立位	支えがあればできる
浴槽に入る時	一人介助
入る位置	②
使用するいす	シャワーチェア
洗髪・洗身	一部介助
浴槽台の有無	有
出る位置	①
移動方法	車いす
備考	足がもつれることあり。浴槽から出る際に、バランスを崩すことがある。
塗布薬	レスタミン
部位	臀部

個浴の例

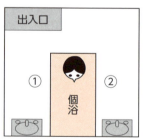

137 入浴は夜間の方がよいでしょうか？

まずは、入居者一人ひとりの意向を確認しましょう。職員の都合だけで入浴の時間帯を設定してはいけません。

解説 入浴は夜間でなくてはならないということはなく、明るいうちにゆっくりと入りたいという入居者のほか、なかには朝から入りたいという人もいます。そこで、最も重要なポイントは、職員の都合だけで入浴の時間帯を設定してはならないということです。どうしても希望に合わせることが無理な場合は、その旨を本人にきちんと説明し、理解してもらうことが大切です。

実際、夜間入浴を可能にするには、シフトの組み方を工夫することです。具体的に取り組まれている事例をみると、夜間入浴を希望する入居者はほとんどいないと思います。身体状況が重度になるほど、夜間よりも昼間の明るいうちに、安心してゆっくり入浴したいと希望する入居者が多いようです。

138
Q 職員が少ないときの入浴は、流れ作業方式が有効でしょうか？

答えは NO です。マンツーマン入浴の方が、職員の動きに無駄が少ないです。

解説 流れ作業では、一定の速度で一連の工程を経ることで効率が生まれます。人間の行動はそうはいかず、立ち止まったり、戻ったりします。その影響で工程が途中でストップしてしまい、かえって効率は低下します。図表31のとおり、絶えず1人が動いているマンツーマン入浴法が職員の動きに無駄が少ないです。

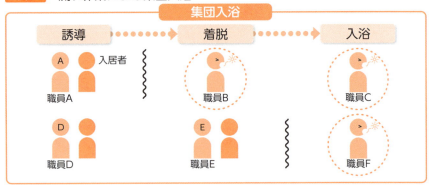

図表30　流れ作業による集団入浴

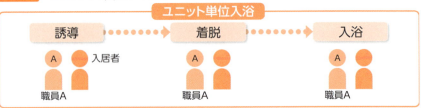

図表31　ユニット単位のマンツーマン入浴

出典：日本ユニットケア推進センター「平成28年度　ユニットリーダー研修ハンドブック」61頁、2016年

Q139 身体状況が重度化した入居者は個別浴槽で入浴できますか？

リフトが設置してあれば、拘縮で座位姿勢が取れない人以外は入浴が可能です。

解説 これから入居者の身体状況が重度化していくことに対応するためには、個別浴槽とリフトを必ずセットで準備することが大事です。リフトの種類は多種ありますので、施設の状況に合わせて検討しましょう。

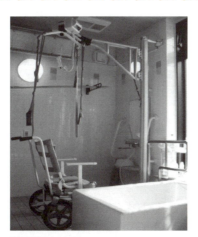

個別浴槽とリフト

140 個別浴槽での入浴介助に自信がありません。

何度も練習するしかありません。それに加え、入浴方法のデータ（Q 136 参照）をきちんと整備しておくことです。

解説 まずは正しい入浴介助方法を研修などから学びます。それを何回も繰り返し練習しましょう。介助される側になって練習してみると、両方の立場や気持ちが理解できますのでスキル向上に有効です。

ボランティアにどう答えますか？

流しに食べた後の食器がおかれていました。それを見たボランティアがいいました。「私が洗いましょうか？」さて、読者の皆さんは何と答えますか？

A 「いえいえ、申し訳ありませんので、私が後で洗います。」
B 「わあ、助かります。お願いします。」

答え方次第でボランティアが明日も来てくれるかどうかが変わります。答えはBです。ボランティアの役割をきちんとつくってあげましょう。

141

個別浴槽の場合、入浴のたびに毎回お湯を入れ替えるのでしょうか？

特別な決まりはありません。湯の入れ替えについては、各施設で対応が異なってよいでしょう。

 施設の対応を決めるに当たっては、入居者の意向がどうなのかを踏まえることも大切です。高齢者施設では、次の2通りの対応に分かれているようです。

①毎回湯を入れ替える
　ユニットごとに浴室が整備されていれば1日に入浴するのは3〜4人程度なので、従来のような大型の浴槽と比較して、それほど湯の入れ替えに時間や費用がかかるわけではない。
②あふれる湯をつぎ足していく、オーバーフロー方式
　毎回浴槽の湯を入れ替えなくても、かなりの割合で自然に入れ替わるので、汚れも目立つことがない。

ただし、いずれの対応であっても、入浴に伴う感染症予防対策は怠らないようにしてください。

142

Q 入浴介助すると服が濡れてしまいますが、服装はどうしたらよいでしょうか？

A 多くの施設では、Tシャツに短パンに着替える職員が多いようです。

解説 濡れてもよい服装で、介助することが前提になります。濡れ具合は職員の技量によります。濡れがひどい職員は多めに着替えを用意しましょう。濡れるからといって、魚屋さんがするような大きなビニールのエプロンや長靴は対人援助の服装とはいえません。

ユニットケアでの居場所は自由選択

とある施設の話です。入居者のSさんは、「ちょっとごめんよ」と昼食後に必ず隣のユニットに遊びにいくそうです。その理由は同じユニットのAさんのことが気に入らないから。なんで嫌いか本人も理由がわからないとのことです。職員はできるだけSさんの視野に入らないよう、配席には十分配慮していますが、昼食時にはどうしてもAさんと顔を合わせてしまいます。だから、昼食を済ませるとすぐに隣のユニットを訪れ、気の合う人と食後の時間を過ごすのだそうです。「ユニットケアは、気の合わない入居者同士の逃げ場がないのが弱点だ」という指摘がありますが、Sさんを見ていると決してそんなことはないと思います。入居者の居場所は自由であり、居心地のいい場所を自分で選ぶことができます。

健康管理

Q 143 ユニットケアでは、バイタル測定は必要でしょうか？

必要です。ただし、測定頻度については施設の方針を明確にして対応しましょう。

解説 バイタルは健康管理の目安です。入居者の通常のバイタルを知らないと変化に気づけません。したがって、まずは入居時に基準値（健康値）を把握するために、1週間程度の期間を決めて毎日バイタル測定するとよいでしょう。その後の測定は、施設の方針によりますが、①入浴時に測定、②曜日を決め測定、③毎日測定するなどがあります。

基準値は24Hシートに記載しておき、測定したデータはケース記録に記載し、誰でも把握できるようにします。

144
Q 「入居者のバイタルが異常なときは連絡して」と看護師にいわれますが、異常の判断はどうしたらよいでしょうか？

A 入居者ごとに何を異常とみなすか、どのように報告すればよいかを看護師が明確にし、24Hシートの「サポートが必要なこと」の欄に記載しておきましょう。

解説 特に夜間帯の看護師不在の時間に判断が求められます。バイタルは人それぞれですし、疾患名は同じだとしても、その治療方針は人それぞれです。一般論ではなく、個別対応が基本です。そのために、看護師は介護職に入居者の医療情報を伝え、共有することが求められます。

145
Q バイタル測定は誰がすればよいでしょうか？

A 多くの施設では、通常はユニット担当職員が多いようです。

解説 測定機器の発達により、誰でも正確かつ簡単に計測できるようになりました。ただし、看護師が測定した方がよい場合もあります。その判断は看護師の専門性に委ねましょう。

日中の過ごし方

146
Q ユニットケアでは、施設全体の行事をしてはいけないのですか？

A そうではありません。どんな行事も全員参加が基本ではなく、入居者一人ひとりに参加の意向を聞いたうえで行います。

解説 入居者一人ひとりの意向を聞くと、参加しない入居者も当然います。全員参加は少なくなるでしょう。施設全体の行事として多いものには、夏祭りや敬老会などがあります。ただ、敬老会を施設で実施せずに、地域の敬老会に参加しているところもあります。夏祭りも外に出ないで、ユニットから外を眺めたいという入居者もいるでしょう。誕生会、新年祝賀会、節分、ひな祭り、クリスマスなどは、ユニット単位で行っている施設もあるようです。

ユニット担当ボランティアを置く

施設におけるボランティアの活動は、レクリエーションの講師、お話、清掃、花壇の整備、畑の耕作、洗濯、喫茶店の運営など、地域や施設によってさまざまですが、ユニットケアの特徴の"なじみの関係"づくりの延長として、ユニット専属のボランティアがいる施設もあります。

147 施設内でのレクリエーションはどのように実施すればよいでしょうか？

まずは、担当者（チーム）を決めましょう。施設ではなかなかできないレクリエーションですが、責任者を置くことで進めることができます。

 次の①〜⑥を参考にレクリエーションを実施してください。

①担当者
　ボランティアコーディネーター、生活相談員などユニット以外の職員のチーム。ユニット職員だけの構成にはしない。ユニット職員はユニット運営に専念した方がよい。

②場所
　セミパブリック・スペース（廊下の片隅・エレベーター前・ユニットとユニットの間）、パブリック・スペース（専門の場所・玄関の横）。最近はスペースが少ない建物が多いので場所を見つけるのは困難。スペース全体を使うのではなく、一部の使用を考えるとうまくいく。

③備品
　テーブルなどのユニットの家財とは別に、公民館の教室で使用するような本物志向のものを用意する。

④講師
　専門家をボランティアとして招聘し、本物志向にする。講師にかかる経費は施設負担となる。

⑤参加者
　少人数対象。1人でも構わない。今後は参加よりも周りで見ている人が多くなると思われる。

⑥材料費等の経費
　施設のルールとして、行事費や個人負担の範囲を決める。

148 レクリエーションの講師はどんな人がよいでしょうか？

専門家にボランティアをお願いしましょう。有償ボランティアか、無償ボランティアかはそのレクリエーションの内容によって決めます。

解説 「レクリエーションはマンネリ化する」とよくいわれますが、それは「本物」ではないから飽きてしまうのです。専門家が行う「本物」のレクリエーションであれば、何年稽古をしても飽きるということはないでしょう。身近に「先生」はたくさんいます。発掘しましょう。

149 施設でのレクリエーションの種類や頻度はどうすればよいでしょうか？

入居者の希望に沿い数多くの企画を実施しましょう。実施単位は、1人の希望者・数人の希望者・ユニット全体などさまざまです。

解説 そのレクリエーションの希望人数から頻度を考えていきましょう。具体的には、月曜日の午前・午後、火曜日の午前というように、公民館の教室のようにバラエティがあると入居者も参加しやすくなります。

Q150 田舎なのでボランティアが集まらないのですが……

田舎だから集まらないのではありません。ボランティアに来てもらう「仕掛け」がされていないのです。受け入れ体制をつくりましょう。

ボランティアの受け入れ体制には下記の①〜⑦のポイントがあります。

①担当者を決める
　ボランティアコーディネーター、生活相談員など
②ニーズ調査
　どんなボランティアが必要か調査する
③ボランティアの分類とその経費のルール
　有償ボランティア、無償ボランティア
④街への働きかけ
　社会福祉協議会、公民館、近隣の地域、お稽古の教室など
⑤職員向けのボランティア講座
　日本にはまだまだボランティア文化が根付いておらず、ボランティアの役割を理解していない場合があるので、きちんと学ぶ必要がある。
⑥ボランティアの休憩室や集まる場所をつくる
⑦ボランティア向けの勉強会や集いを開催する

151
Q 誕生会はした方がよいのでしょうか？

A 入居者一人ひとりの希望に合せましょう。

解説 家族と外食でして祝いたい人、ユニットで仲間と祝いたい人、家族もユニットの仲間も含め大勢で祝いたい人、何もしたくない人など希望はさまざまです。また、その年によっても違うでしょう。誕生日は年1回の本人が主役になる日ですので、大事にしたいものです。複数名で「今月の誕生会」いうやり方は、主役たちの気持ちを伺ってからの方がよいかもしれません。まずは、誕生日を祝う気持ちを本人に伝え、どのようにその日を迎えたいか伺うことです。関係性が深まってくると、思い出深い誕生会ができます。

喫茶店の営業日を考えよう

せっかく喫茶店があっても「開店日は月2回のみ」では寂しいですよね。短時間でもいいので、毎日開店していると入居者の日課になり、生きがいにつながることもあります。ボランティアコーディネーターや生活相談員は、それが可能にできるボランティアを探し出すことが役目になります。"街"の人によって新しい風が吹き込みますよ。

152

Q 外出はした方がよいのでしょうか？

外に出ることは"社会参加"です。どんどん外出しましょう。

解説 外出の支援は施設によって対応に差があり、支援がないところもあります。しかし、それでは施設へ閉じ込めてしまうことになってしまいます。外出ができない理由に、①施設のケア方針に外出支援がない、②外出に伴う経費についての取り決めがない、③人手が足りないなどがあげられます。施設は"暮らしの継続"の場です。街との触れ合いがないことは暮らしの継続になりません。課題を整理して一歩前に進みましょう。

外出の回数を考える

「Aさんは週1回」「Bさんは月1回」この外出回数を平等・不平等どちらにとらえますか？　むろん、回数が重要ではないことはわかりますね。入居者の意向と状況次第です。それが満たされていれば、この外出回数で問題ありません。しかし、「Bさんはお金がなくて遠慮している」とか「行きたいといえないでいる」のだとしたら話は別です。

Q153 外出する際に気をつけることはありますか?

入居者の意向、施設の同意、経費(入居者、職員)などを確認しましょう。

以下の①〜⑤のように施設でルールをつくることで、外出が可能になります。

①入居者の意向確認を行う
②家族の同意も得ておく
③外出の種類を分ける
　A 近所の散歩
　B 行事としての外出　など
④施設から同意を得る手段を決める
　A 複数人に話をする・車の使用簿に記入・上司に話す　など
　B 企画書を提出し承認を得る
⑤経費
　A 入居者の経費は本人負担
　B ガソリン代、職員の経費、職員の食事代などは施設で方針をたてる(施設負担、ユニット費を使用、入居者家族が負担など)
※外出の費用が職員負担になっている施設がある。これでは、外出支援は進まないので、きちんとした取り決めをする。

154 Q リハビリをするのは、"施設＝暮らしの継続"に反するのではないでしょうか？

そうではありません。どこで暮らしていても身体を健全に維持していくことは大事です。

解説 家でもストレッチや散歩などの運動に励んでいる人は多いと思います。リハビリとは、平行棒などのリハビリ機器を使用して訓練する「機能的リハビリ」だけではありません。座位が保てるようにベッドに座り数分維持することや個別浴槽で身体をひねったり、曲げたりする「生活リハビリ」もあります。疾患を抱えている入居者は、身体が不自由なので、動くことに抵抗感を示す人が多いかもしれません。しかし、最期まで自立（自律）した暮らしの提供が私たちの使命です。専門的知識を駆使しましょう。

155

Q リハビリのプログラムは誰が作成して、誰が実施するのでしょうか？

A PT（理学療法士）・OT（作業療法士）などの専門職にお願いしましょう。

解説 入居者の身体的状況と意向を踏まえて、専門職にリハビリをプログラミングしてもらいましょう。この際に大事なことは、"施設＝暮らしの継続"の理念を共有することです。理念を共有していないと、単なる機械での訓練だけになってしまいます。これから入居者の身体状況が重度化していくなかでリハビリを実践するには、その理念の共有が重要になります。個別のリハビリプログラムがあれば、専門職がいなくても介護職が実施できるでしょう。

終末期でもリハビリ

　読者の皆さんは、ターミナルケアを医療中心に考えていませんか？ある施設の例です。管理栄養士が毎日終末期の入居者の居室へ訪問していました。入居者はもう食事を摂ることもできません。管理栄養士の役割はないように見えますが、それは違いました。その入居者が大好きなお茶を香炉で炊き、香りによってその人の活動が上向いたのです。終末期でも職員にできることはあるのです。

夜間の関わり方

156
Q 夜間の見守りは何時間おきがよいでしょうか？

A 入居者により異なります。まずは各入居者の状態（データ）把握のためにアセスメントしましょう。

解説 施設によっては、「2時間おきに定期的に」など入居者を起こさないように見守りするところもあるかと思います。これは施設方針なので構わないでしょう。ただし、プロとしての視点は、「2時間おきに見守れば大丈夫」と安易に判断せずに、各入居者の状態（データ）を把握し、適宜に対応できるということです。大切なことは、安眠のケア（ぐっすり眠る）です。

157
Q 夜間就寝時に、居室にカギをかけたいという入居者がいます。どうしたらよいでしょうか？

A 日常の暮らしでは、夜間はどの家もカギをかけますので、ごく自然な発想です。

解説 ただし、施設としては、「緊急時や見守りが必要な時はマスターキーで開け、入室させていただく」という約束をしておくことです。そうすれば入居者も職員も皆安心です。

家族との関わり方

Q 158 家族を行事のときにお誘いした方がよいでしょうか？

A 家族には必ず声掛けしましょう。入居者は、家族と共に過ごす時間を歓迎するでしょう。

解説 ただし、事前に家族の意向を確認しておきましょう。家族によって、「ぶどう狩りのように行事で外出するときは声をかけてください」「ちょっとそこまでのお使い程度の外出は声掛け不要です」「誕生日会は家族が企画します」などさまざまです。その意向に沿って声掛けしましょう。

Q 159 家族の施設への出入りは自由ですか？

A 基本は自由ですが、戸締りは必要です。施設の対応策をきちんと入居者家族と共有しておきましょう。

解説 「正面玄関は20時には施錠するので、それ以降は必ず声を掛けてください」や「夜間は職員通用口からの出入りをお願いします」などの対応が必要です。

160 Q 家族に居室の掃除をお願いしてよいのでしょうか？

A 人手が足りないから家族にお願いするという考え方はNGです。

解説 ただ、居室は入居者の"家"なのですから、家族からの「私が来たときはします」という申し出は大歓迎です。施設によっては、年末の大掃除の一環として、入居者家族に居室の掃除をお願いしているところもあります。入居者と家族が触れ合うきっかけの1つにしているのです。

161 Q 家族が入居者の部屋に泊まってもよいでしょうか？

A OKです。入居者の身体状況が重度化したときやターミナルケアにも家族にかかわってもらいましょう。

解説 ①貸し出し用布団のシーツ代、②施設での食事代、③ユニットのキッチンを自由に使ってよいなどのルールを決めましょう。気持ちよく家族が宿泊できるように配慮が求められます。そうすることで家族と職員のコミュニケーションも深まるでしょう。

162

Q 家族とのやり取りの具体例を教えてください。

まずは、家族との窓口を決めましょう。基本はユニットリーダーや居室担当のユニット職員がなることが多いです。

解説 入居者の状況によります。健康面では看護師や、内容により生活相談員や施設長が窓口になります。臨機応変に対応することが必要です。下記の①〜②は家族対応のポイントです。とにかく細やかにコミュニケーションをとることが重要です。

①ユニットごとの対応
　家族会・忘年会・クリスマス会などの集まり、旅行（日帰り・宿泊）、誕生日のお祝い、大掃除の際に、お便りや手紙を出す。
②施設全体としての対応
　・勉強会（車いすの扱い方、ターミナルケアなどの介護教室）を開く。
　・ケース記録を渡す。
　・行事のお手伝いをお願いする。

ユニット費

Q163 ユニット費は出さないといけないのでしょうか？

施設の判断ですが、ユニット費は職員の自律に向けた大事な仕掛けになります。

解説 ユニットケアが目指すことは、入居者の自律した"暮らしの継続"です。入居者が自律するためには、支援する職員も自律していなければいけません。職員の自律の仕掛けとして、①勤務表をユニットごとに作成する（自ら働き方を考える）、②ユニット費を設ける（働くための資金を自由に使える）などがあります。下記の図表32はユニット費の概要です。

図表32　ユニット費の概要

拠出元	施設に支払われる介護報酬
金額	5000〜15000円／月
ユニットへの渡し方（清算）	1カ月・半年・1年（施設によりさまざま）
使い方	自由（ユニットに任されたお金なので、施設長などに伺いを立てなくてよい）
使い道	ユニットの運営費（花を買う、新聞や雑誌を取る、職員の付き添い時の経費の補助など）
管理	ユニットごとに管理（どこに置くかは施設判断）
管理方法	使い道を出納簿に付ける（介護報酬を使用しているので報告義務あり。レシートなどは必ずつける）。その出納簿をもとに経理担当が施設会計として振り分けする。

164
Q ユニット費を与えると何を買うか心配になります。

A ユニット費の用途をきちんと説明しておけば、その心配は少なくなるでしょう。

解説 そうはいっても、放任するわけではありません。「任せる」ということと「放任」は違います。清算の報告とユニットに出入りをしていれば、その使い道はわかるはずです。心配なのは、コミュニケーション不足で信頼関係の構築がされていないか、経理の承認ルートが確立していないからではないでしょうか。

165
Q ユニット費では、入居者の物は買ってはいけないのでしょうか？

A 考え方の基本は、個人の物は個人負担、入居者の物でもレクリエーションなどで使用する共有物はユニット費で買います。

解説 厳密にいえば、材料費は参加者の個人負担になりますが、他の共有物はユニット費です。しかし、施設によりすべてユニット費で購入するところもあります。

終末期の入居者への対応

Q 166 終末期の対応はどうしたらよいでしょうか？

A 施設が終末期対応の方針を決め、それを入居者・家族に伝え、チームで実践しましょう。

解説 人の命に関することは、人それぞれの想いや価値観があり、どれが正しいということはありません。下記①〜④は主な対応のポイントです。

①入居時に本人・家族に施設の方針を伝え、意思確認をする。
②身体の状態については、適宜に家族に伝え、その都度、家族の意思を確認する。（状態により家族の意見が変わることもある）
③看取りのケアプラン・24Hシートを作成し、チームで取り組む。（職員だけのプランではなく、家族を含めて作成・実践する）
④看取り後は「振り返りのカンファレンス」をする。

Column

とある施設のクリスマスツリー

クリスマスのころ、あるユニットでは、折り紙を切りガラス窓にクリスマスツリーをかたどっていました。「なぜ、そうしたの？」と聞いたところ、「（設えは）本物志向というのはわかっています。しかし、ユニット費がないので買えないのです」と悲しそうに答えました。職員のモチベーションを上げるために何をすればよいか、わかりますよね？

167
Q 終末期は部屋替えをした方がよいでしょうか？

A 居室が個室（自分の部屋）であれば、部屋替えは特別な事情がない限り行いません。

解説 世の中の多くの人は「自分の家で最期を迎えたい」と望んでいます。重要なのは終末期における課題や心配を解決することで、部屋を移動することではありません。入居者自身の部屋であれば、家族も安心して付き添えます。

168
Q ユニットに終末期の入居者がいたら、他の入居者が心配するのではありませんか？

A その心配はありません。

解説 入居者は職員にとってみれば、人生の先輩です。身内や仲間との「別れ」をずっと多く経験しているでしょう。職員が終末期の入居者に対して真摯に支援をしている姿を見ていれば、他の入居者は不安を抱きません。むしろ、自分もそのようにしてもらえるのだという安心感が生まれるのではないでしょうか。

Part 4

その他

清掃、地域交流、職員研修など　169-176

清掃、地域交流、職員研修など

Q 169 入居者の身体状況によってユニット分けをするといった配慮は必要でしょうか？

A 施設の方針です。分けても分けなくても、その方針について主旨をきちんと説明する必要があります。

 共にメリット・デメリットがありますので、施設内で検討が必要です。

①分ける
- 同じような状態の人がいるので、介護側は支援しやすい。
- 入居者の状態は変化するので、分けた状態に常にいるわけではない。
- 次の入居希望者が、空いたユニットの条件に合うかどうかわからない。

②分けない
- 行動障害などの疾患による入居者同士のトラブルがある。
- さまざまな対応ができる職員が求められる。
- 次の入居者が入居しやすい。

Q 170 ユニットの清掃は誰がしたらよいでしょうか？

施設で決めるとよいでしょう。次の①〜③のように、いろいろな例があります。

解説 介護人材の不足が懸念されている状況ですので、役割を分散するのも1つのアイディアですが、プライバシーを守ることと信頼関係でユニット運営は成り立っていることを忘れてはなりません。例として、①居室以外は委託業者・清掃専門の職員採用で行い、居室は信頼関係を大事にするのでユニット職員が行う、②すべてユニット職員が行う、③すべて清掃専門職員が行うなどの方法があります。

ただし、リビングの床に食べこぼしがあったときは、担当でもそうでなくとも汚れたら清掃しましょう。ユニットは"暮らしの場"ですから、常に清掃は心掛けたいものです。

「施設臭」がしていませんか？

施設の玄関を入ると「施設臭」がする施設があります。においはその環境に慣れてしまうと、鈍感になる傾向があり、気づかなくなってしまいます。ある施設の例です。何をしても施設臭が抜けない、どこが原因なのか探ったところトイレの壁でした。トイレの壁を全面張り替えたら施設臭がなくなりました。においを残さないようにする基本は、汚れたらすぐ拭くことの徹底です。

171

Q セミパブリック・スペース、パブリック・スペース、トイレ、浴室の掃除は、誰が行うべきでしょうか？

A 施設方針にもよりますが、共用部分（トイレも含む）の掃除は、委託業者、清掃専門職員、事務職員のいずれかが多いようです。

解説 浴室は、ユニット型施設では、各ユニットに浴室を備えてありますので、入浴後、ユニット職員が清掃するようになっていることが多いようです。どんなことも担当や責任を明確にした体制をつくらないとなかなかうまくいきません。そして、それをきちんと確認していくことも大切です。

「きれいさ＝ケアの充実さ」それは管理者の役目

開設して10年以上経っても、きれいな施設があります。反対に開設したばかりの施設であっても、荷物やごみが散乱している施設もあります。細かいところへの気配り、それは入居者に対しても同じことではないでしょうか。それを職員に気づかせるのが管理者の役目といえるでしょう。

172
Q シーツ交換はどの位の頻度で行うのが最適でしょうか？

A 全員一律に交換はしません。頻度は入居者の状況を踏まえ、ユニットごとに決めましょう。

解説 基本的には汚れ（汚染）があれば不快に感じますので、そのときに交換することはいうまでもありません。定期的に行うかは、一般家庭がどのくらいのペースでシーツを交換しているかを考え合わせたうえで、施設としてのルールを決めてもよいでしょう。

併せて検討しなければならないのは、交換の仕方です。シーツの交換日と職員配置を決め、対応する入居者の数を分けて行うというやり方はいかがでしょうか。例えば、「1週間のうち、○曜日と○曜日に行う」という考え方ではなく、「7日間のうち、1日目は2人分、2日目は2人分、3日目は……」というように、1週間を効果的に切り分けていけば、無理なく自然に行うことができます。つまり、分散して行うことが効果的だといえます。

173
地域との交流をどのようにつくればよいでしょうか?

社会福祉法人の使命として地域貢献がありますが、地域住民を呼び込むことと地域に出ていくことの両方を考えます。地域特性を踏まえてニーズに沿った活動が求められています。

 その例をご紹介します。

①地域住民を施設へ呼び込む
　・喫茶店や売店の利用
　・施設の部屋や備品の活用（学童保育、学校帰りの子どもたちの居場所、ピアノ教室、地域の会合）
　・ユニット担当民生委員の就任

②施設から地域へ出る
　・町内で催される行事への参加（お祭り、敬老会、清掃、会合）
　・運動会、レストラン、居酒屋、理美容室
　・終活教室の開催
　・広報の配布

174 ユニットケア導入時の職員研修は、どうすれば効果的でしょうか？

研修の内容としては、「理念の共有」「一日の生活の流れとケアの考え方」「介護技術のポイント」があります。

解説 施設の状況から、既存施設からの増設なのか、新規に始めるのか、職員が新人ばかりなのか、そうではないのかなど、それぞれの状況によって、研修項目を組み立てましょう。大事なことは、目的と達成値を明確にして企画することです。費用対効果をしっかり考えましょう。

図表33 研修プログラムの例

日程	1日目	2日目	3日目	4日目	5日目	6日目	7日目 8日目
研修項目	・施設の運営方針の説明 ・理念の共有 ・施設内にある機器の理解	ユニットケアの理解① ハード編	ユニットケアの理解② ソフト編	ユニットケアの理解③ システム編	介護技術研修（入浴・移乗・排泄・食事）	施設見学	ユニット体験

孔子の言葉から研修スタイルを学ぶ

「聞いても忘れるが、見ると覚えている。行動すると意味が理解できる」という孔子の言葉があります。まさに教育方法の本質を示していると思います。なぜ、グループワークをするのか、見学をするのか、現場実習をするのか、その意義を明確にし、効果的な研修を進めましょう。

175

Q 見学研修を効果的に行うにはどうしたらよいでしょうか？

A 目的を明確にし、それに見合った施設を選ぶことが基本です。

解説　「うまくいかないからどこかの施設でも見てみよう」では、本当は見なくてはならないものが見えず、見えているものに気が付かずということが起こります。

次の①～⑤は見学研修を行う際のポイントです。他施設を見て気づくことは多いので、大いに活用しましょう。

①自分達の課題や見学の目的を整理する（書面に記して、その結果も記載するともっと明確になる）
②目的に対して管理職がアドバイスをする
③目的に合った施設を選定する※
④先方の施設とのやり取り（依頼書の手配）
⑤報告書の作成

※わからない場合は日本ユニットケア推進センターに問い合わせてください

176 パートや臨時職員の研修や会議への参加はどうしたらよいでしょうか？

研修・会議のどちらも参加してもらいましょう。

解説 ユニットケアとは、入居者の暮らしをサポートするための支援手法であり、決して業務をこなすことを目的としているわけではありません。パートや臨時職員は、時間的に正規職員と同じだけ働くことができませんが、情報共有により効果的な働きが期待できます。入居者の暮らしは常に変化に富み、契約時間内でもいろいろな業務が起こりえます。よって、会議や研修での理念や情報の共有は欠かすことができません。

施設見学のいろいろ

施設見学は、その目的・視点によって効果は違います。いくつかの例を紹介します。
・近くの施設を見学した。ユニットで炊飯をしていない施設だったので、それがユニットケアの手法と勘違いしてしまった。
・見学に管理者も同行した。管理者がケアの視点を教え、帰りにその感想を聞き課題解決に結び付けることができた。
・リーダー会議を移動リーダー会議として、施設見学をした。先方の先進的施設のリーダーとも意見交換をし、課題解決に活かすことができた。

ユニットケア・個別ケア実践Q&A
現場の疑問を即解決!

2017年 3月 31日 初版発行
2020年 1月 30日 初版第3刷発行

著　者	秋葉都子
発行者	荘村明彦
発行所	中央法規出版株式会社

〒110-0016 東京都台東区台東 3-29-1 中央法規ビル
営　　　業　TEL 03-3834-5817　FAX 03-3837-8037
取次・書店担当　TEL 03-3834-5815　FAX 03-3837-8035
編　　　集　TEL 03-3834-5812　FAX 03-3837-8032
https://www.chuohoki.co.jp/

装幀・本文デザイン
印刷・製本　……　株式会社ジャパンマテリアル

定価はカバーに表示してあります。
ISBN978-4-8058-5488-4

本書のコピー、スキャン、デジタル化等の無断複製は、著作権法上での例外を除き禁じられています。また、本書を代行業者等の第三者に依頼してコピー、スキャン、デジタル化することは、たとえ個人や家庭内での利用であっても著作権法違反です。
落丁本・乱丁本はお取替えいたします。